Nue
Nuestros

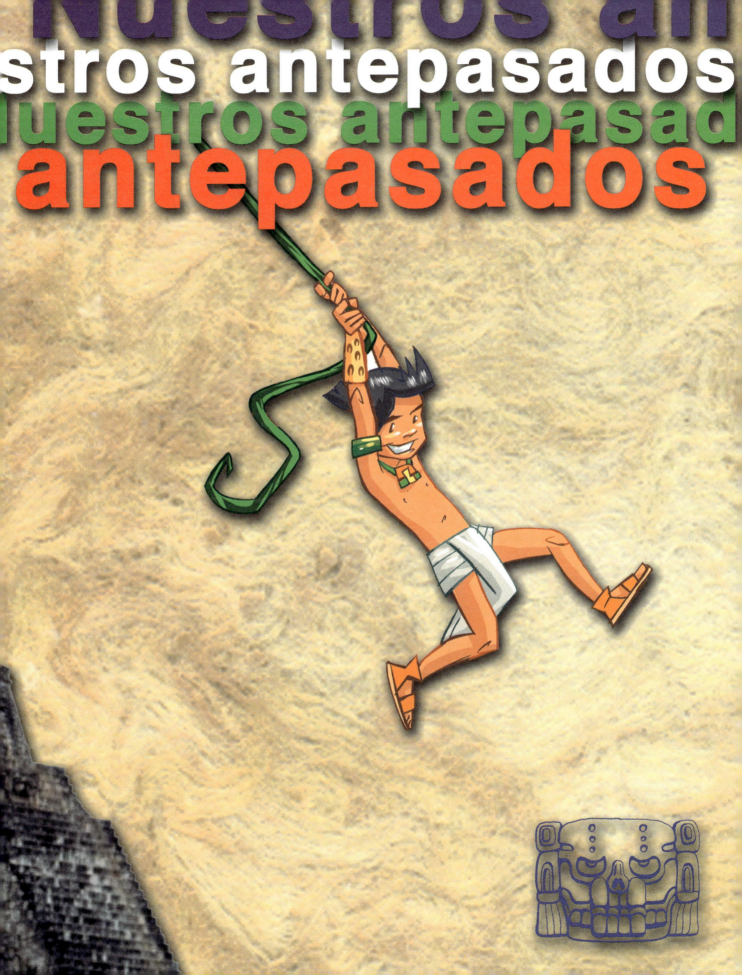

Índ

DESCUBRE... LAS RAÍCES DE MÉXICO

D.R. © del texto José Luis Trueba Lara, 2002
D.R. © de las ilustraciones Osvaldo Cortés, 2002

De esta edición:
D.R. © Aguilar, Altea, Taurus, Alfaguara, S.A. de C.V., 2002
Av. Universidad 767, Col. del Valle
México, 03100, D.F. Teléfono 5420 7530
www.alfaguarainfantil.com.mx

Altea es un sello editorial del Grupo Santillana.

ÉSTAS SON SUS SEDES: ARGENTINA, BOLIVIA, CHILE, COLOMBIA, COSTA RICA, ECUADOR, EL SALVADOR, ESPAÑA, ESTADOS UNIDOS, GUATEMALA, MÉXICO, PANAMÁ, PERÚ, PUERTO RICO, REPÚBLICA DOMINICANA, URUGUAY Y VENEZUELA.

Primera edición: marzo de 2003

ISBN: 970-29-0508-7

D. R. © Diseño de cubierta: Times Editores, S.A. de C.V.
Diseño de interiores: Times Editores, S.A. de C.V.

Cuidado de la edición: Valdemar Ramírez, Carlo Angie Núñez y Rosina Claudia Tapia M.

Impreso en México

Todos los derechos reservados. Esta publicación no puede ser reproducida, ni en todo ni en parte, ni registrada en o transmitida por un sistema de recuperación de información, en ninguna forma ni por ningún medio, sea mecánico, fotoquímico, electrónico, magnético, electroóptico, por fotocopia o cualquier otro, sin el permiso previo, por escrito, de la editorial.

Índice

De qué trata este libro
7

El primer descubrimiento
9

El avance de la migración
11

Cazadores y recolectores
15

¿De dónde llegaron?
16

Los primeros agricultores
21

Las primeras culturas agrícolas
23

Los olmecas
27

Los toltecas
35

Los teotihuacanos
43

Los mixtecos
51

Los zapotecos
59

Los mayas
67

Los totonacos
75

Los aztecas
83

El encuentro
91

La derrota
93

Para los educadores
94

De qué trata este libro

Este libro trata de nuestros antepasados, de los antiguos mexicanos que llegaron de otro continente y construyeron algunas de las civilizaciones más importantes de la historia. En sus páginas te ofrecemos un recorrido que se inicia en un mundo casi congelado, cuando las tribus de cazadores asiáticos atravesaron el estrecho de Bering hace poco más de 25 000 años, y concluye en el momento en que los españoles se encontraron con los indígenas al comienzo del siglo XVI.

Ésta es la historia de cómo aquellos cazadores se transformaron en agricultores, y de cómo —gracias a este gran paso— florecieron las grandes civilizaciones mesoamericanas: olmecas, teotihuacanos, toltecas, mayas, totonacos, mixtecos, zapotecos y mexicas. A lo largo de estas páginas, podrás asomarte a sus costumbres, dioses, lenguas, ciudades y logros.

Para iniciar este viaje, sólo hace falta que des vuelta a la página y te adentres en el mundo de nuestros antepasados, de los hombres que —a pesar del tiempo que nos separa— aún están presentes en muchos momentos de nuestra vida.

El prim

Iceberg en el estrecho de Bering.

En los primeros tiempos de la humanidad, el hambre era la causa del movimiento. Los humanos no podían establecerse en un solo lugar porque tenían que seguir a los animales para cazarlos o buscar sitios donde pudieran recolectar frutos y semillas. Ellos, los hombres que aún no habían descubierto la agricultura que les permitiría vivir en un solo lugar, caminaban por el mundo, y sus pasos les llevaron de África a Europa, y desde estos lugares a Asia: su única intención era sobrevivir, alimentarse de las manadas que perseguían.

Hace unos veinte o treinta mil años, algunos de estos grupos humanos pasaron del norte de Asia a América a través del estrecho de Bering siguiendo las manadas y buscando climas menos fríos que les permitieran alimentarse de las frutas y las semillas que no existían en el helado norte. Cruzar el mar no fue difícil, las bajísimas temperaturas habían creado un puente de hielo entre Asia y América. Estos hombres, que conocían el fuego y creaban armas con piedras afiladas a fuerza de golpes, fueron los primeros pobladores de América. Ellos seguían a los animales y, en su andar hacia el sur, fueron descubriendo un nuevo continente que les ofrecía mejores condiciones de vida: conforme avanzaban, el clima mejoraba y encontraban lugares donde podían permanecer más tiempo, pues había más animales y la tierra les ofrecía mayores frutos.

El primer descubrimiento

Una historia de las cavernas

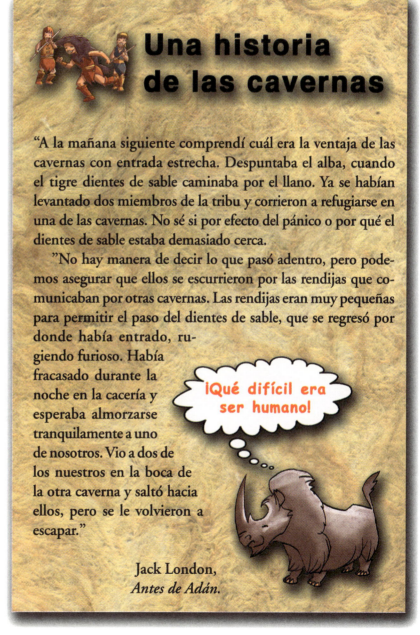

"A la mañana siguiente comprendí cuál era la ventaja de las cavernas con entrada estrecha. Despuntaba el alba, cuando el tigre dientes de sable caminaba por el llano. Ya se habían levantado dos miembros de la tribu y corrieron a refugiarse en una de las cavernas. No sé si por efecto del pánico o por qué el dientes de sable estaba demasiado cerca.

"No hay manera de decir lo que pasó adentro, pero podemos asegurar que ellos se escurrieron por las rendijas que comunicaban por otras cavernas. Las rendijas eran muy pequeñas para permitir el paso del dientes de sable, que se regresó por donde había entrado, rugiendo furioso. Había fracasado durante la noche en la cacería y esperaba almorzarse tranquilamente a uno de nosotros. Vio a dos de los nuestros en la boca de la otra caverna y saltó hacia ellos, pero se le volvieron a escapar."

¡Qué difícil era ser humano!

Jack London, *Antes de Adán.*

El avance de la migración

Después de cruzar el estrecho de Bering, los primeros americanos continuaron su marcha. No sabían que estaban en una nueva tierra, en un continente que a cada paso cambiaba de climas y paisajes. Ellos atravesaron las nieves del norte, se adentraron en los bosques de los territorios que hoy ocupan Estados Unidos y Canadá, descubrieron los desiertos que ahora están en territorio estadounidense y en el norte de nuestro país, avanzaron por las verdes planicies, se encontraron con las sierras y —luego de un tiempo— el verde profundo de las selvas mexicanas y centroamericanas los sorprendió en su andar, y sólo después de muchísimos años, volvieron a descubrir las nieves eternas en el extremo sur de América.

No todos los grupos llegaron hasta el final de nuestro continente. Cada uno de ellos, al descubrir un sitio que le era favorable, comenzó a permanecer más tiempo en ese lugar y desarrolló organizaciones que se adaptaban a la perfección a lo que le ofrecía su ecosistema. Por esto son tan diferentes todas las civilizaciones que en la antigüedad florecieron en nuestro continente, por eso son tan diferentes los navajos que viven en el sur de Estados Unidos, de los selváticos mayas y los incas que edificaron sus civilizaciones en las cumbres de los Andes.

Timbiriche prehistórico

Este juego consiste en atrapar a los animales. Para lograrlo, tienes que fotocopiar esta página y colocar los animales en el tablero de la página siguiente. Los participantes atraparán a sus presas al unir los puntos, tirando una línea vertical u horizontal por turno. Ganará quien atrape más animales.

Familia de cazadores, Mapa Quinatzin.

Cuando los primeros pobladores de América llegaron a lugares donde el clima era menos frío, su vida comenzó a cambiar. La cacería era abundante y los campos les ofrecían grandes cantidades de semillas y frutos que podían recolectar. La vida era más sencilla y ellos desarrollaron otras actividades: mejoraron sus herramientas, comenzaron a decorar los lugares donde vivían y trataron de entender su mundo. Empezaron a pintar y grabar las paredes de las cavernas que habitaban, surgieron los primeros sacerdotes que buscaban controlar a la naturaleza o hacer más fácil la cacería.

Estos hombres dejaron en nuestro país muchas muestras de su vida: en el estado de Sonora existen lugares donde se conservan sus pinturas y sus grabados en piedra; en la población de Iztlán, en el estado de Jalisco, se encontraron restos humanos de aquella época; y en la zona que hoy ocupa el área metropolitana de la ciudad de México y sus cercanías también existen vestigios de su cultura: en el Peñón de los Baños y en el Pedregal de San Ángel se descubrieron restos humanos, mientras que en las cercanías de Tepexpan —una población cercana a Texcoco— se encontraron los restos de una cacería de mamut.

De esta manera, hace poco más de 10 000 años, nuestro país ya estaba poblado por hombres prehistóricos que se dedicaban a la cacería y la recolección. El tiempo del descubrimiento del nuevo continente había terminado, las nuevas tierras ya no tenían secretos para sus pobladores. A partir de ese momento se daría paso a las primeras civilizaciones.

Cazadores y recolectores

¿Era difícil cazar?

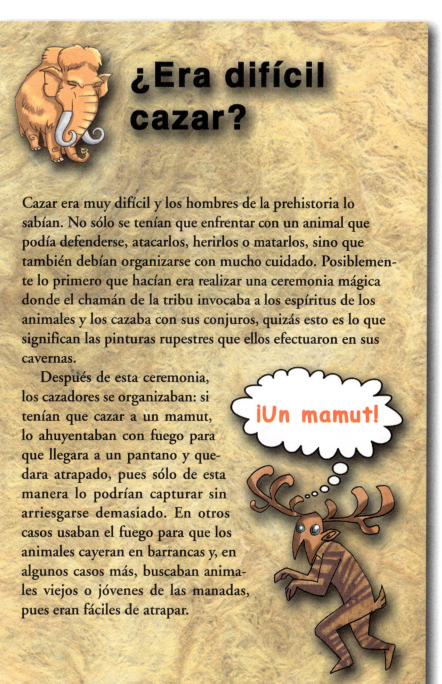

Cazar era muy difícil y los hombres de la prehistoria lo sabían. No sólo se tenían que enfrentar con un animal que podía defenderse, atacarlos, herirlos o matarlos, sino que también debían organizarse con mucho cuidado. Posiblemente lo primero que hacían era realizar una ceremonia mágica donde el chamán de la tribu invocaba a los espíritus de los animales y los cazaba con sus conjuros, quizás esto es lo que significan las pinturas rupestres que ellos efectuaron en sus cavernas.

Después de esta ceremonia, los cazadores se organizaban: si tenían que cazar a un mamut, lo ahuyentaban con fuego para que llegara a un pantano y quedara atrapado, pues sólo de esta manera lo podrían capturar sin arriesgarse demasiado. En otros casos usaban el fuego para que los animales cayeran en barrancas y, en algunos casos más, buscaban animales viejos o jóvenes de las manadas, pues eran fáciles de atrapar.

¡Un mamut!

¿De dónde llegaron?

Cazador, Mapa Quinatzin.

A pesar de que la migración asiática que pasó a través del estrecho de Bering es la teoría más aceptada sobre el origen del hombre en América, algunos investigadores han propuesto otras posibilidades para explicar este acontecimiento.

El investigador francés Paul Rivet propuso que los hombres no sólo llegaron a América por el estrecho de Bering, sino también desde el sur del océano Pacífico. Este investigador fundamenta sus ideas, entre otras cosas, en que en Sudamérica existen elementos culturales y del idioma muy similares a los de la Polinesia y a que algunas tribus brasileñas tienen un gran parecido físico con los habitantes de las islas del sur del océano Pacífico. Otros investigadores han mostrado que América también recibió migraciones vikingas del norte de Europa que no lograron prosperar en los nuevos territorios, y un antropólogo argentino, Florentino Ameghino, sostuvo que el hombre americano se originó en nuestro continente, pero esta teoría ha sido abandonada por falta de pruebas.

Como puedes ver, la discusión sobre el origen del hombre americano todavía no termina y por eso los investigadores de muchos países continúan trabajando para resolver esta interrogante.

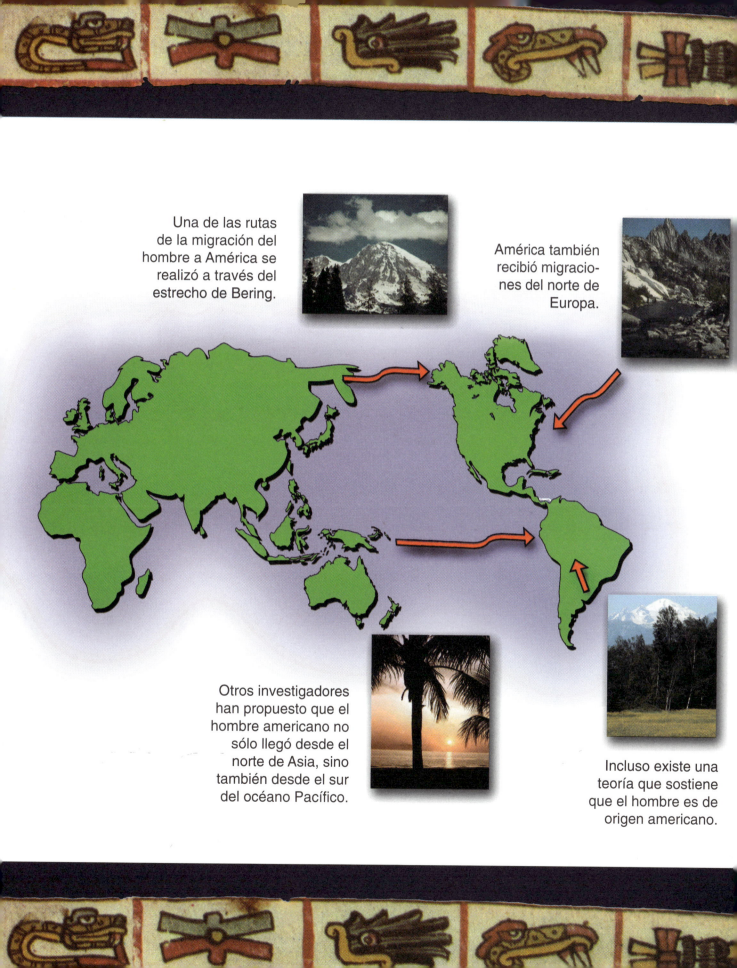

Gato prehispánico

Este gato se juega casi como cualquier otro. La única diferencia es que, para poder tirar, necesitas contestar correctamente una pregunta que te haga tu contrincante sobre este libro.

Para nosotros, la agricultura es algo común. No nos parece extraño que se siembren las semillas y que, al cabo de un tiempo, se cosechen sus frutos. Sin embargo, para los hombres prehistóricos, éste fue uno de sus mayores descubrimientos: gracias a la agricultura, ya no tendrían que andar tras las manadas, podrían permanecer en un lugar, garantizar su alimentación y desarrollar al máximo su cultura. Sembrar parece algo fácil, pero no lo es. Imagina por un momento que tienes hambre y eres dueño de unos cuantos granos de maíz, ¿qué harías?, ¿te los comerías o los pondrías bajo la tierra para esperar a que se conviertan en una planta? ¿Verdad que la elección no es fácil?

El descubrimiento de la agricultura sólo fue posible cuando los hombres prehistóricos llegaron a lugares con buen clima, abundante caza y buena recolección. Esto les dio tiempo para observar que las semillas se convertían en plantas y, por supuesto, les permitió realizar sus primeros "experimentos" como agricultores. En América, los principales cultivos que lograron fueron el maíz, la calabaza, los distintos tipos de chiles y muchas frutas.

Agricultores, según un códice prehispánico.

Los primeros agricultores

Para estos hombres, la agricultura no sólo fue importante en la medida en que les garantizaba su alimentación inmediata y les daba la capacidad de almacenar comida para el futuro. Gracias a su descubrimiento, ellos lograron tener "tiempo libre" y comenzaron a desarrollar algunos rudimentos culturales: la necesidad de guardar las semillas trajo consigo la creación de cestas, y con esto aparecieron los trabajos con fibras; crearon metates para moler el maíz y comales que les servían para cocerlo. Así, gracias a la agricultura, aparecieron la cestería y la alfarería.

Pero la agricultura los llevó más lejos, ellos tuvieron que comenzar a estudiar el clima y las estaciones del año, pues sólo de esta manera descubrirían los tiempos de la siembra y la cosecha. Así, con la agricultura, los primeros pobladores de nuestro país tuvieron en sus manos la posibilidad de dar el gran paso que los llevaría a crear algunas de las culturas más importantes de la antigüedad.

Mujer preparando tortillas, según un códice prehispánico

Cuando la agricultura comenzó a dar sus primeros resultados, los hombres prehistóricos lograron grandes avances y se establecieron en un lugar para vivir. Se convirtieron en sedentarios. Este hecho significó la necesidad de construir viviendas y, al desarrollar sus primeras formas religiosas, iniciaron la construcción de los primeros edificios para rendir culto a los dioses que les ayudaban a lograr mayores y mejores cosechas. Por esta razón, la mayor parte de los dioses del México antiguo estaba vinculada con la agricultura: eran las deidades del agua y la lluvia, de la fertilidad de la tierra y de las plantas que nutrían a aquellos pobladores.

Junto con estos dioses aparecieron los sacerdotes, quienes —además de dirigir y controlar las ceremonias religiosas— se encargaron de desarrollar muchos conocimientos: las matemáticas, que eran necesarias para llevar la cuenta de las cosechas y para realizar los cálculos astronómicos que determinaban los tiempos de la siembra y la cosecha; la escritura, que permitía guardar la información sobre las propiedades y los hechos de los dioses; y las primeras formas de danza ritual, del canto y la poesía, que les servían para rendir culto a sus deidades. Ellos se convirtieron en los hombres que poseían la sabiduría.

Algunos pueblos se lanzaron a la batalla a fin de apoderarse de la riqueza de sus vecinos; las semillas, las telas y los productos de cerámica y cestería se convirtieron en un botín.

La guerra generó la necesidad de que los agricultores comenzaran a protegerse y con ello surgieron nuevas civilizaciones.

Las primeras culturas agrícolas

El maíz y la cultura

Las primeras civilizaciones nacieron después de "domesticar" algunas semillas: el arroz en China, el trigo y la cebada en Europa o el mijo en algunas regiones de África. Sin la agricultura, la civilización es casi imposible: garantizar la alimentación permite que los seres humanos se dediquen a otras actividades y puedan crear sociedades complejas.

Nuestros antepasados lograron construir sus civilizaciones gracias a la "domesticación" del maíz; ésta fue la planta que garantizó su supervivencia. Por esta razón el maíz está presente en casi todas sus acciones: la comida, las leyendas, los dioses, las fiestas y las guerras estaban unidas a esta planta.

En la actualidad, en la mayoría de las casas de los mexicanos, el maíz continúa teniendo una gran presencia. Es una de las mayores herencias que recibimos de nuestros antepasados y que todavía permanece en nuestras mesas.

Espero que me dejen en paz.

Plumería

¿Te gustaría tener un penacho como los que usaban los antiguos mexicanos? ¿Es muy fácil! Sólo tienes que seguir las instrucciones que están en estas páginas.

"Los señores de la guerra usaban un penacho muy colorado, con oro, y alrededor del casquete, una corona de plumas ricas."

Fray Bernardino de Sahagún, *Historia general de las cosas de Nueva España.*

Dibuja en una cartulina una figura como la que aquí te presentamos, sólo que debe tener —aproximadamente— veinte centímetros de alto. Una vez que la hayas dibujado, coloréala y recórtala.

Después, en otra cartulina, tienes que dibujar, colorear y recortar la base del penacho. Es muy importante que sea de tu medida, pues tu cabeza tendrá que entrar en ella.

En otra cartulina dibuja, colorea y recorta las plumas más grandes del penacho. El medio círculo que se forma en su base debe ser del mismo tamaño que el de la parte anterior, pues estas piezas tienen que embonar.

¡Ya tienes todas las partes de tu penacho! Ahora sólo debes pegarlas para que te queden iguales al que aquí te mostramos. Pero, para poder usarlo, tienes que ponerle un cordón que una los círculos de la parte inferior.

Hacha olmeca, grabado del siglo XIX.

Los olmecas fueron la primera gran cultura urbana que crearon nuestros antepasados. Ellos se establecieron en una de las regiones más fértiles de nuestro país: la que se encuentra regada por los ríos Papaloapan y Grijalva en el territorio que hoy ocupa el estado de Tabasco. Sus principales ciudades hoy las conocemos con los nombres de La Venta, Tres Zapotes y San Lorenzo.

Ellos realizaron las primeras grandes construcciones de nuestro país, crearon la escritura jeroglífica, el mito de Quetzalcóatl y el primer calendario de 365 días.

Sus ciudades concentraban las actividades religiosas, políticas y comerciales. Es probable que sus sacerdotes fueran los personajes más importantes en su civilización, pues ellos controlaban el culto a la lluvia, el agua, la fertilidad de la tierra y el fuego, los elementos más importantes para la supervivencia.

A pesar de que sus ciudades casi han desaparecido por obra del tiempo, permanecen muchas muestras de su cultura: grandes cabezas esculpidas en piedra, altares, estelas —con este nombre se conoce a las piedras labradas— e innumerables esculturas y piezas de cerámica que permiten darnos una idea de cómo vivían.

Los olmecas

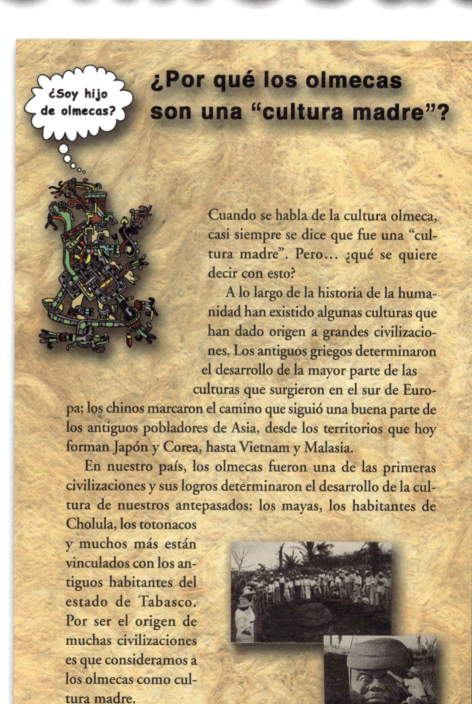

¿Soy hijo de olmecas?

¿Por qué los olmecas son una "cultura madre"?

Cuando se habla de la cultura olmeca, casi siempre se dice que fue una "cultura madre". Pero… ¿qué se quiere decir con esto?

A lo largo de la historia de la humanidad han existido algunas culturas que han dado origen a grandes civilizaciones. Los antiguos griegos determinaron el desarrollo de la mayor parte de las culturas que surgieron en el sur de Europa; los chinos marcaron el camino que siguió una buena parte de los antiguos pobladores de Asia, desde los territorios que hoy forman Japón y Corea, hasta Vietnam y Malasia.

En nuestro país, los olmecas fueron una de las primeras civilizaciones y sus logros determinaron el desarrollo de la cultura de nuestros antepasados: los mayas, los habitantes de Cholula, los totonacos y muchos más están vinculados con los antiguos habitantes del estado de Tabasco. Por ser el origen de muchas civilizaciones es que consideramos a los olmecas como cultura madre.

Los animales

Los antiguos mexicanos mantenían una especial relación con los animales. No sólo les servían para alimentarse y obtener los materiales necesarios para su vestimenta, sino que también representaban a algunos dioses o tenían poderes mágicos, tal es el caso de los naguales, que son el espíritu animal que se encuentra dentro de cada hombre. ¿Te gustaría conocer qué pensaban los antiguos mexicanos sobre los animales que vivían cerca de ellos?

Felino maya

Los ocelotes, pumas y jaguares eran muy apreciados.

Ave mexica

Las aves eran muy importantes, sus plumas eran consideradas como uno de los objetos más valiosos.

Reptil maya

Las iguanas y las ranas eran parte de su dieta.

Serpiente azteca

Las serpientes no sólo formaban parte de su dieta, también se vinculaban con muchos de sus dioses.

Jaguar maya

El jaguar merece un lugar especial, pues fue un motivo religioso y artístico muy importante entre los mayas y los olmecas.

¡Yo no sabía que se acordaban de nosotros!

En México todavía nos referimos a muchos animales con sus nombres prehispánicos. Aún utilizamos muchas palabras en náhuatl para hablar de ellos. Por ejemplo, cuando decimos "ajolote" reunimos las palabras "atl" —que quiere decir agua— y el nombre del dios prehispánico Xólotl. Pero el caso del ajolote no es el único, pues también usamos palabras en náhuatl para referirnos a otros animales, como la campamocha, el cenzontle, el coyote, la chachalaca, el chapulín, el guachinango, el guajolote, el mapache, el ocelote, el tecolote, el tlaconete, el tlacuache y el zopilote.

Historia de un cazador

La investigadora María Stern ha reconstruido algunas de las historias de los códices, ¿podrías imaginar qué hizo el cazador del códice Tro-Cortesiano?

La historia del descubrimiento de los olmecas se inicia en 1862, cuando el explorador José Melgar encontró una de las grandes cabezas creadas por esta civilización. A pesar de la importancia del hallazgo, no se tenía claro quiénes habían realizado esta escultura monumental por lo que se les decía "etiópicas", es decir, "de Etiopía". Los primeros arqueólogos desconocían la existencia de los olmecas. No fue sino hasta 1942 cuando esta cultura adquirió el nombre con el que la conocemos —que significa "habitantes de la Tierra del Hule"—, pues hasta esa fecha ellos eran conocidos como "cultura de La Venta", porque esta ciudad era la mejor referencia de los arqueólogos.

En La Venta no existen grandes construcciones como en Teotihuacan o en otros sitios arqueológicos; en este lugar hay algunos altares de gran belleza, monolitos como el que te presentamos en la ilustración de la página siguiente, muchas estelas y algunas tumbas construidas con columnas de basalto. Las exploraciones arqueológicas en esta ciudad comenzaron hace poco tiempo, en los años cuarenta del siglo XX, cuando un explorador de apellido Drucker inició sus trabajos en esta zona y descubrió tumbas, altares y ¡cuatro inmensas cabezas realizadas por los olmecas que aún no tenían un nombre!

¿Eso es una pirámide?

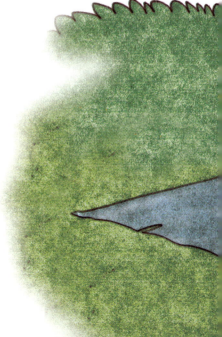

La Venta La Venta La Venta

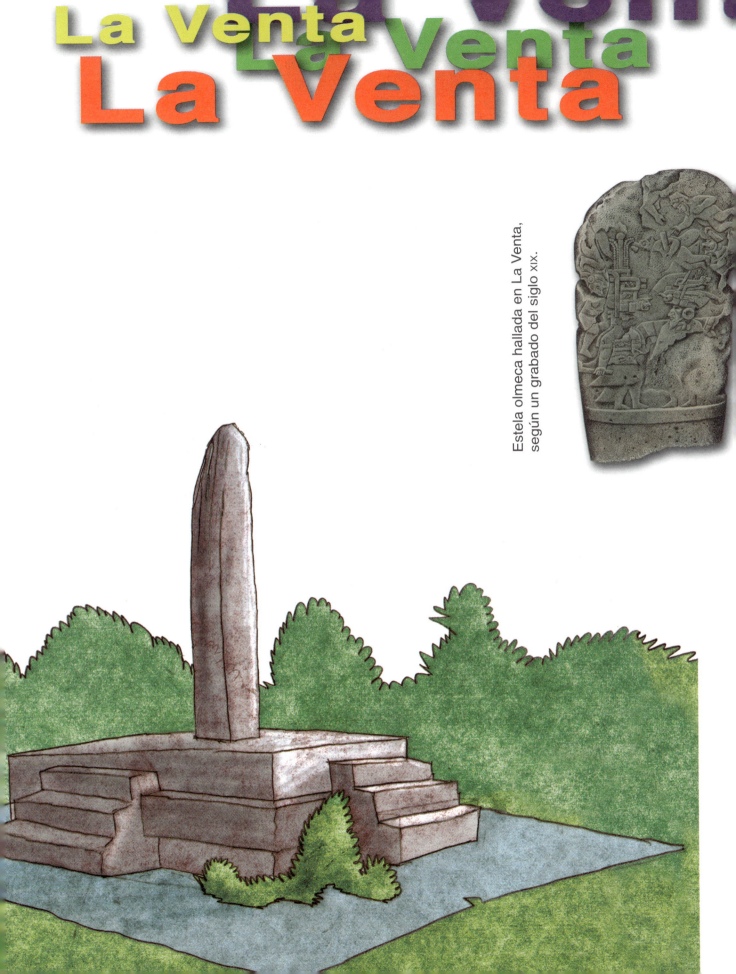

Estela olmeca hallada en La Venta, según un grabado del siglo XIX.

Máscaras prehispánicas

Las máscaras —como las que te mostramos en las fotografías de esta página— eran muy importantes para los antiguos mexicanos. ¿Te gustaría tener una de estas máscaras en casa? ¡Es muy sencillo! Sólo tienes que seguir las instrucciones para crearla.

Nuestros antepasados crearon muchísimas máscaras. Para ellos, estos objetos eran muy importantes y les daban diferentes usos: algunas se utilizaban para cubrir el rostro de los personajes más importantes cuando eran enterrados, otras se empleaban en las ceremonias religiosas y las portaban los sacerdotes o las personas que participaban en las danzas rituales y, algunas más las empleaban para "disfrazarse" de dioses o personajes mitológicos.

En los museos de nuestro país existen muchas máscaras que han sido descubiertas en los lugares donde vivían los antiguos mexicanos. ¿Has ido a algún museo últimamente? ¿Qué tal si le dices a tus papás que te lleven a uno para que conozcas las maravillas que conservan?

El primer paso para crear tu máscara es moldear con plastilina un rostro, puede ser el de una persona, un dios, un animal mitológico, un guerrero, un sacerdote o lo que quieras.

Una vez que tengas el rostro, comienza a ponerle sopa de ojitos para que se parezca a las incrustaciones de piedra que usaban los antiguos mexicanos.

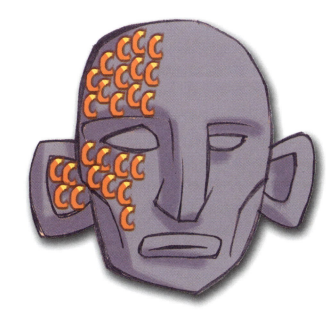

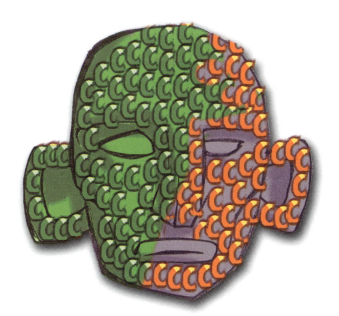

Después tienes que pintar la sopa con pintura de agua, para que se parezca cada vez más a las piedras que nuestros antepasados usaban. Puedes encontrar una guía de colores en las máscaras que están en la página anterior.

Y de esta manera…
¡tendrás tu máscara prehispánica!

Zona tolteca

Nuestros antepasados pensaban que los toltecas eran la civilización más antigua. Así se lo dijeron a Bernardino de Sahagún, uno de los sacerdotes españoles que más se interesó en el pasado de México: "Los toltecas fueron los primeros pobladores de esta tierra." Sin embargo, hoy sabemos que esta idea es incorrecta pues son mucho más recientes que los "habitantes de la Tierra del Hule".

Columna tolteca, grabado del siglo XIX.

A diferencia de otros pueblos que destacaron por sus conquistas —como los aztecas—, los toltecas fueron muy importantes en el México antiguo por sus enseñanzas religiosas y artísticas. Ellos le dieron forma definitiva al mito de Quetzalcóatl, que se convertiría en una deidad de casi todos los pueblos prehispánicos, aunque sería conocido con diferentes nombres; por ejemplo, los mayas lo llamaron Kukulcán. Asimismo, los toltecas fueron grandes arquitectos: sus construcciones son magníficas y en ellas se encuentran unas columnas muy especiales: los "atlantes" y las de serpientes emplumadas que representan a Quetzalcóatl (las cuales te mostramos en la fotografía que está a la izquierda de este texto). Su principal ciudad fue Tula, que se encuentra en el estado de Hidalgo.

Los toltecas

El mito de Quetzalcóatl

Según la leyenda, Quetzalcóatl fue un hombre que dominaba todas las técnicas de la agricultura, el arte y la ciencia. Durante su reinado en Tula, todos los hombres fueron felices y prósperos. Sin embargo, Tezcatlipoca y Huemac, sus grandes enemigos, lo expulsaron de su reino. Quetzalcóatl salió de Tula acompañado por unos cuantos seguidores.

Sus pasos lo llevaron a Cholula, de donde también fue expulsado, a pesar de que años más tarde comenzaron a adorarlo como dios. De esta manera, Quetzalcóatl llegó al mar y, antes de abandonar México en una balsa de serpientes, lanzó su profecía: "Dentro de algunos años vendrán por este mar unos hombres barbados, y se convertirán en los señores de esta tierra." Así, cuando los españoles llegaron, nuestros antepasados recordaron la profecía.

¡Aquí sólo hablan bien de las serpientes!

La familia

Las familias de los antiguos mexicanos tenían algunas características muy especiales: a pesar de que estaban formadas por los padres, los hijos, los abuelos, los tíos, los primos y demás familiares, se organizaban de una manera distinta de la nuestra. Los niños aprendían muchas cosas de sus padres: los agricultores les enseñaban a sembrar y cosechar; los que se dedicaban a la carpintería, a elaborar objetos con plumas o a fabricar armas o telas, les enseñaban a sus hijos los secretos de sus oficios. También había escuelas, entre los mexicas existían el calmecac (donde estudiaban los guerreros y los sacerdotes) y el telpochcalli (donde estudiaba el resto de los niños).

En estas familias, la mamá se dedicaba al cuidado del hogar o ayudaba en algunas de las labores que realizaban. No era raro que ellas auxiliaran a sus esposos en sus labores. Los papás, por su parte, se dedicaban al oficio que tenían.

La religión era muy importante, en la mayor parte de sus actividades efectuaban rituales para sus dioses: no se podía sembrar o tejer sin haber realizado una pequeña ceremonia.

¿Te imaginas cómo sería tu familia si hubieras vivido en aquella época?

Consejos a las niñas

"Tú, hija mía, preciosa como cuenta de oro y pluma rica, salida de mis entrañas, a quien yo engendré y que eres mi sangre y mi imagen, oye con atención lo que te quiero decir, porque ya tienes edad para entenderlo: Dios te ha dado uso de razón y habilidad para entender cómo son las cosas del mundo y que en este mundo no hay verdadero placer, ni verdadero descanso; hay trabajos y aflicciones, cansancios y abundancia de miseria y pobreza. Esto es una gran verdad y por experiencia lo sabemos. Hay un refrán que dice que en este mundo no hay placer que no esté junto a la tristeza, que no hay descanso sin aflicción, éste es un dicho de los antiguos."

Consejos a los niños

"Hijo mío muy amado y muy querido, nota lo que te diré: nuestro señor te ha traído en esta hora y he pensado decirte que vivas muchos días sobre la tierra al servicio de Dios. Este mundo es muy peligroso, muy dificultoso, muy desosegado y muy cruel y trabajoso, por esto los viejos con mucha razón dijeron: no se escapa nadie de las subidas y las bajadas en este mundo, de los torbellinos y las tempestades, o de las falsedades y dobleces. Hay mucho engaño en el mundo. Por eso los grandes señores no fueron soberbios, sino que se humillaron e inclinaron sobre la tierra como pobres y peregrinos, y por eso fueron reverenciados."

¿Qué opinas de los consejos?

Paisaje de la región cercana a Tula.

Las primeras exploraciones de Tula las realizó Antonio García Cubas en 1873, y él —confundido como la mayoría de los descubridores— sólo pudo comparar a la antigua ciudad de los toltecas con las viejas ciudades de Grecia y Egipto. Pero, después de una década, Desiré Charnay, un explorador francés, descubrió que estos templos nada tenían que ver con los de Europa y África y encontró que eran el antecedente de las grandes construcciones del México prehispánico, especialmente las de Teotihuacan y Chichén Itzá.

Desde aquellas fechas, no han cesado los trabajos en Tula y, actualmente, es una de las ciudades de nuestros antepasados que mejor conocemos, pues se ha restaurado a fin de que recupere una parte de su belleza, por lo cual podemos recorrer sus templos y su juego de pelota e imaginar que nosotros vivíamos en esta urbe.

El uso de columnas también fue frecuente en la arquitectura maya.

Yo nada más estoy de hablador.

Tula

El maíz era la base de la alimentación tolteca.

Tula antes de iniciarse las exploraciones arqueológicas, según un grabado del siglo XIX.

El gran teatro de los dioses

Aquí están los personajes que nos han acompañado a lo largo de este libro y las ropas que usaban para convertirse en guerreros o princesas. Fotocopia esta página, vístelos de distintas maneras e inventa obras de teatro con ellos.

Zona teotihuacana

Teotihuacan, la "ciudad de los dioses", era considerada sagrada por los antiguos mexicanos. Los teotihuacanos lograron desarrollar una de las culturas más refinadas del pasado prehispánico e influyeron en casi todas las civilizaciones que les siguieron; los habitantes de Cholula, Xochicalco y la lejana zona maya fueron sus herederos.

A pesar de su grandiosidad, la vida de Teotihuacan no fue muy larga: sus habitantes la abandonaron sin que hasta la fecha podamos saber con precisión por qué ocurrió esto. Algunos investigadores piensan que esta ciudad fue abandonada una vez que sus habitantes degradaron su medio ambiente, otros piensan que esto ocurrió a causa de la guerra, y unos más, por una serie de problemas políticos y sociales. ¿No te parece que cualquiera de estas posibles causas tiene una lección que los hombres de hoy debemos aprender?

Proceso de reconstrucción de la ciudadela de Teotihuacan, desde los planos antiguos hasta nuestros días.

Los teotihuacanos

¿Cómo realizar un descubrimiento arqueológico?

Siempre imaginamos a los arqueólogos en sus excavaciones o en la selva descubriendo tesoros, pirámides o espeluznantes tumbas. Pero... ¿cómo le hacen para encontrar todo esto?

Existen dos maneras de encontrar vestigios arqueológicos: la primera consiste en estudiar e investigar los documentos de las civilizaciones antiguas a fin de localizar los sitios donde éstas se encontraban. Incluso, éste es el sistema que utilizan los buscadores de tesoros, quienes estudian los antiguos mapas para descubrir los lugares donde se hundieron los barcos.

La segunda forma de realizar estos descubrimientos se debe a la casualidad. Es frecuente que, al realizar excavaciones para construir un nuevo edificio, se encuentren restos de las culturas antiguas, y cuando esto ocurre, se da aviso a los arqueólogos para que inicien sus trabajos de investigación en estos lugares. De esta manera fue como se iniciaron los trabajos en el centro histórico de la ciudad de México.

¿Así me descubrieron?

La vestimenta

Los antiguos mexicanos tenían una especial idea de la ropa: los vestidos de los más poderosos estaban pintados o adornados con plumas de muchos colores, también empleaban muchos accesorios: collares de cuentas de jade, penachos de oro y plata con plumas de quetzal, aretes de metal o jade, adornos para la barbilla, la nariz o la parte superior de los labios y sus huaraches eran muy lujosos. Por su parte, los que no eran poderosos se vestían con prendas confeccionadas con algodón o con fibras obtenidas de los magueyes. Ellos usaban pocos accesorios, pues eran muy caros, y sus huaraches eran muy sencillos.

Para ir a la guerra, los antiguos mexicanos vestían sus mejores galas: penachos, corazas de algodón adornadas, escudos emplumados y banderas que los identificaban.

Las mujeres vestían de una manera muy sencilla y casi no utilizaban adornos, pues éstos estaban reservados para los hombres, quienes sí portaban collares, anillos, pulseras y otros accesorios.

 El vestuario tradicional de nuestros antepasados aún está presente en nuestra vida cotidiana. Algunas palabras como "cacles" nos lo recuerdan pues esta voz náhuatl significa "zapatos". Asimismo, este vestuario no sólo está presente entre los indígenas de nuestro país que continúan usando ayates, huipiles y quesquémiles, sino que también el resto de los mexicanos lo usamos de manera más o menos frecuente, pues una buena parte de nuestra ropa es o está inspirada en el vestuario de los antiguos mexicanos.

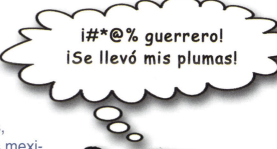

La ropa de los antiguos mexicanos

Los hombres, cuando no iban a la guerra, vestían túnicas de algodón y no dejaban de adornarse. Sus zapatos, al igual que los de las mujeres, eran huaraches que hacían con piel y que, en algunos casos, adornaban con oro o piedras semipreciosas.

Teotihuacan, según un grabado del siglo XIX.

A pesar de que Teotihuacan fue abandonada e incendiada 700 años antes de nuestra era, casi nunca ha dejado de ser explorada: los antiguos mexicanos la visitaban, los sabios de la época colonial escribieron sobre esa ciudad y, en la actualidad, los arqueólogos continúan trabajando en ella. La ciudad con sus grandes pirámides —la del Sol y la de la Luna—, sus palacios y su avenida principal, conocida como Calzada de los Muertos, nos muestra el modelo que siguieron casi todas las civilizaciones prehispánicas para construir sus ciudades.

¿Conoces Teotihuacan?… pues, ¿qué esperas para ir a visitar la "ciudad de los dioses"?

Muro del templo de Tláloc y Quetzalcóatl.

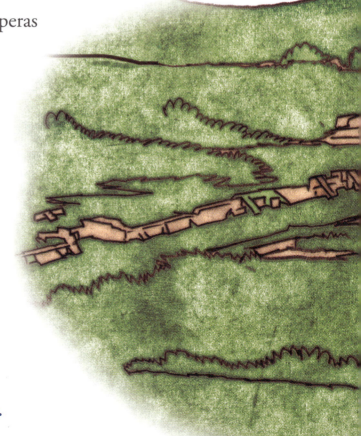

Teotihuacan

Memoria

Esta memoria se juega como todas las demás: sólo tienes que fotocopiar la página, recortar las tarjetas y colocarlas con las ilustraciones hacia abajo. Después, por turnos, debes levantar una y encontrar la que es igual.

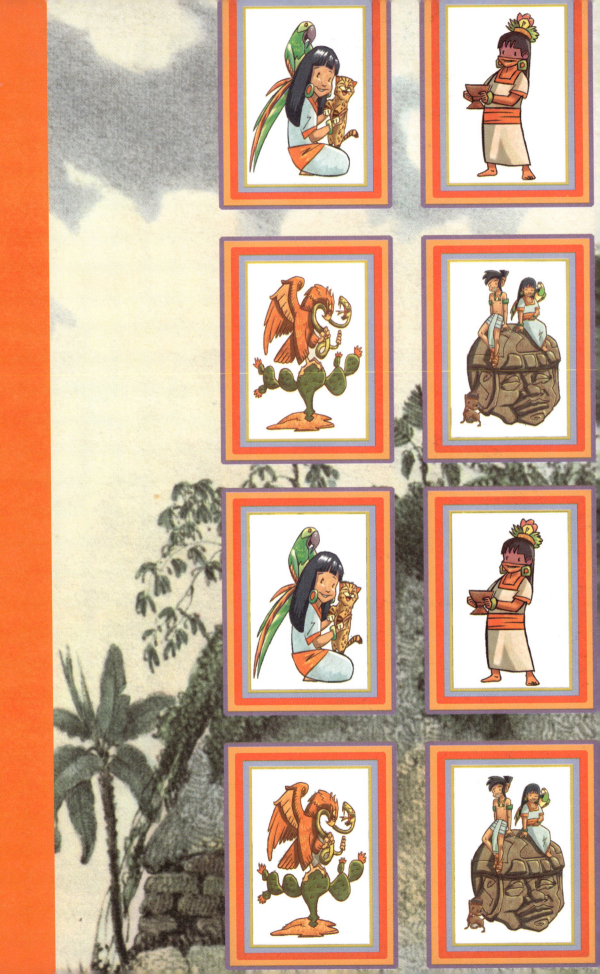

Algunos mixtecos decían que ellos eran descendientes del dios Yacoñoo y otros sostenían que habían nacido de dos árboles que se encontraban en la orilla de un río que atravesaba Achiutla. Sea como sea, esta civilización —que compartía territorio con los zapotecos, como lo puedes ver en el mapa que se encuentra en la página 58— no sólo se destacó por sus logros arquitectónicos,

que se muestran en la ciudad de Mitla, sino también en una serie de obras de arte que realizaron en oro y jade.

Entre los dioses de los mixtecos destacan Capichja, que representaba al Sol; Cocijo, que dominaba los rayos y la lluvia; Pitao Cozobi, quien mantenía al maíz; y Coqui Bezelao y su esposa Xoani Quecuya, quienes controlaban la muerte.

En la actualidad, los mixtecos mantienen vivas sus tradiciones; en Oaxaca podemos descubrir que tras sus acciones, su ropa y su manera de hacer las cosas está la herencia de los antiguos habitantes de esta región de nuestro país.

Los mixtecos

La exploración arqueológica

Una vez que se ha realizado un descubrimiento, no importa si éste ocurrió como resultado de una investigación en documentos antiguos o de la casualidad, los arqueólogos inician una serie de trabajos.

Una de las primeras cosas que realizan es tratar de rescatar y conservar los hallazgos. Para esto quitan con mucho cuidado el polvo, las piedras y la tierra que cubren los objetos y, en ciertas ocasiones, tienen que tratarlos con algunas sustancias químicas para evitar que se deterioren por haber quedado expuestos al medio ambiente.

Pero los arqueólogos no sólo hacen esto, también se fijan qué tan profundo estaba lo que hallaron, pues esto les da una idea de su antigüedad, la cual confirmarán con otros medios, y estudian sus características para saber a qué cultura pertenece. ¿Verdad que su trabajo es muy interesante?

Creo que tardaron demasiado en encontrarme.

La guerra La guerra La guerra

La guerra era muy importante entre los antiguos mexicanos. Gracias a ella, los vencedores obtenían tributos (plumas, cacao, oro, mantas, maíz o trabajadores para construir sus templos) o capturaban enemigos para sacrificarlos a sus dioses, éste era el caso de las guerras floridas que los mexicas sostenían con los tlaxcaltecas, pues su único fin era obtener prisioneros para ofrecerlos a sus dioses. Los guerreros mexicas tenían un dios: Tezcatlipoca, para quien realizaban grandes ofrendas.

Los ejércitos de los antiguos mexicanos estaban muy bien organizados: no sólo contaban con muchas armas (lanzas, macanas con incrustaciones de obsidiana, arcos y flechas, escudos y lanzadardos), también tenían grandes estrategas que ideaban la mejor manera de derrotar a los enemigos. Entre los mexicas, los mejores soldados tenían nombres: eran los guerreros jaguar y los guerreros águila, quienes dieron muerte o capturaron a muchos de sus enemigos.

Entre los pueblos prehispánicos, el estado de guerra era casi permanente y esto generó odio entre los distintos pueblos. Esta situación fue aprovechada por Cortés quien, para poder vencer a los mexicas, reclutó un gran ejército entre los enemigos de éstos.

Uno de los primeros investigadores del México prehispánico, fray Bernardino de Sahagún, describió de esta manera los uniformes militares que usaban los antiguos mexicanos:

"Usaban los señores de la guerra un casco de plumas coloradas, el cual adornaban con oro y tenía un penacho que les colgaba hasta la espalda […] llevaban un escudo con un círculo de oro por toda la orilla y en la parte de abajo tenía ricas plumas […] También solían llevar una bandera de plumas y oro […] Sus capitanes, para distinguirse, traen una cola de cabello colgada hacia atrás, son diestros y experimentados en la guerra, y suelen inventar ardides, buscar lugares y caminos contra los enemigos, y dar miedo y espanto a sus adversarios, y son muy confiados en su valentía […] son amparo y muralla de los suyos, y furiosos y rabiosos contra sus enemigos".

¿Verdad que esto es muy impresionante? ¿Qué tal si haces un dibujo de alguno de los guerreros prehispánicos después de observar con cuidado las ilustraciones de estas páginas?

Matrícula de tributos.

¡Mira nada más!

Estas ilustraciones muestran algunos de los tributos que los aztecas exigían a los pueblos que habían derrotado.

Mitla, al igual que Teotihuacan, es una de las zonas arqueológicas que han sido exploradas desde la época colonial. En la *Relación de Tlacolula y Mitla* y la *Geográfica descripción* —escritas en 1580 y 1674, respectivamente— no sólo se habla de ella, sino que también se mencionan muchas de sus características. Sin embargo, la exploración científica de la ciudad se inició hasta 1888, cuando los arqueólogos Eduard Seler y William H. Holmes comenzaron sus trabajos en la zona y, desde aquellos días, las investigaciones no se han suspendido. Mitla es una ciudad señorial, su palacio "de piedra blanca labrada" con grecas ha cautivado a sus visitantes desde la época prehispánica.

¿Conoces Mitla o has visitado algún museo donde se conserven algunas de las maravillas creadas por los mixtecos? ¿No?, pues apúrate para que descubras la herencia que nos legaron los antiguos habitantes de Oaxaca.

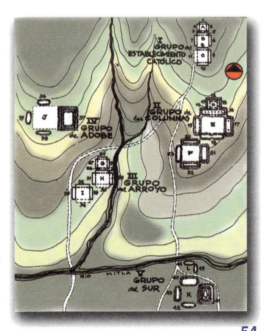

Plano de las exploraciones arqueológicas de Mitla.

Mitla

¿Dónde está Batman?

Interior del palacio, según un grabado del siglo XIX.

Adivinanzas

Aquí te presentamos una serie de adivinanzas, y para descubrir lo que significan, quizá tengas que revisar todo este libro.

Los mexicas caminaron mucho para encontrarme y esperaban que yo estuviera encima de un nopal. ¿Quién soy?

Soy una víbora de cascabel, si tuviera plumas me llamaría...

Parezco leopardo, pero no lo soy. Estoy en peligro de extinción y mi nombre empieza con o...

Los mexicas me tenían en sus casas. No tengo pelo pero sí copete. Soy...

Me dicen Mo, aunque no. ¿Quién soy?

Hablo, pero no entiendo lo que digo. Y mis plumas eran más valiosas que el oro...

Soy marsupial como los canguros, aunque algunos me confunden con un ratón. ¿Cómo me llamo?

Zona mixteco-zapoteca

Grabados del siglo XVIII sobre la cultura zapoteca.

Los zapotecos sostenían que habían llegado a Oaxaca desde un lugar llamado Chicomóztoc mucho antes de que se fundara Tula, aunque otros pensaban que ellos eran descendientes de los jaguares. Después de que ocuparon una parte de Oaxaca, comenzaron a desarrollar una cultura que, en su momento de mayor esplendor, llegó hasta el actual estado de Puebla.

Al igual que los mixtecos, fueron grandes orfebres y construyeron ciudades, entre las que destaca Monte Albán. También crearon un calendario de 365 días; desarrollaron una escritura jeroglífica que plasmaban en pieles de venado y —al igual que muchas otras civilizaciones prehispánicas— tuvieron un calendario religioso de 260 días.

Su sociedad no sólo estaba controlada por los sacerdotes: sus jefes militares también tenían gran importancia.

Los zapotecos

Los indígenas en la actualidad

Las palabras "indio" e "indígena" tienen diferentes significados: la primera nos habla de una equivocación de Cristóbal Colón, quien, al llegar a América, creyó que se encontraba en la India, y la segunda se refiere a los habitantes originales de un país.

En la actualidad, los indígenas de México y de muchos lugares del mundo enfrentan graves problemas: la pobreza, la enfermedad, la desnutrición y la falta de escuelas. Es necesario conocer y respetar su cultura, pues ellos son los representantes y los dueños de todo aquello que nos define como país y como sociedad.

¡Vaya! No soy el único.

Los sacrificios

Tras la derrota de los mexicas, muchos de los conquistadores y los sacerdotes españoles se horrorizaron al observar algunas manifestaciones religiosas de los antiguos mexicanos. Para la mayor parte de ellos, las ceremonias, ofrendas y sacrificios eran cosa del demonio y lo único que se podía hacer era terminar de una vez y para siempre con esa terrible religión que a cada momento cobraba víctimas en los templos donde se realizaban sacrificios humanos. Sin embargo, las distintas religiones de nuestros antepasados no eran un culto al demonio: sus dioses tenían diferentes rituales y se vinculaban con ellos en cada uno de los momentos de su vida y de los hechos de la naturaleza. Ellos consideraban que todo lo que existía en el mundo era sagrado y, por esta razón, mantenían una actitud de respeto hacia la naturaleza. ¿Verdad que respetar la naturaleza es una gran lección que nos dieron nuestros antepasados?, ¿estás dispuesto a seguirla? ¿Sí? ¡Felicidades!

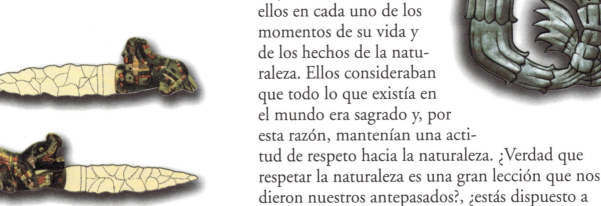

Cuchillos rituales.

Cuando se habla de los sacrificios que los antiguos mexicanos hacían a sus dioses, siempre se piensa en los rituales donde una persona debía morir para que su sangre alimentara a las deidades. Esto es lo que leemos en una crónica escrita entre 1569 y 1582:

"Derramaban sangre en los templos de día y de noche, matando hombres y mujeres en los templos delante de las estatuas de los demonios […] cuando mataban algún esclavo o cautivo, su dueño recogía la sangre en una jícara y echaba un papel blanco dentro y después iba por todas las estatuas y untábales la boca con el papel ensangrentado. Otros mojaban un palo en la sangre, y tocaban la boca de la estatua con la misma sangre."

Sin embargo, nuestros antepasados también daban otro tipo de ofrendas, tal y como lo leemos en la *Historia general de las cosas de Nueva España*.

Sacerdote tlaxcalteca.

"Ofrecían muchas cosas en sus templos […] comida y mantas, y aves y mazorcas de maíz, y chía y frijoles y flores […] y ofrecían incienso a los templos."

La religión de los antiguos mexicanos no sólo consistía en sacrificar a hombres y mujeres, pues sus dioses también recibían muchas otras ofrendas que eran fruto del trabajo y la naturaleza.

¿Me acompañas?

Monte Albán no sólo es una de las ciudades prehispánicas más impresionantes, sino también la que mayores sorpresas ha dado a sus exploradores. En ella se realizó uno de los descubrimientos arqueológicos más espectaculares de nuestra historia: la llamada "Tumba 7", que contenía un gran tesoro.

Pero la importancia de Monte Albán no se reduce al descubrimiento de tesoros, esta ciudad es un gran ejemplo de la arquitectura realizada por civilizaciones guerreras: se edificó en la cima de una montaña para observar a los enemigos que podían acercarse.

En Monte Albán, los zapotecos también crearon grandes estelas, entre las que destacan las conocidas como "Los danzantes", que representan algunos de los rituales que se llevaban a cabo en la ciudad más importante de este pueblo.

Plano de las exploraciones de Monte Albán.

Monte Albán

Una de las pirámides de Monte Albán a finales del siglo XIX.

Un dominó prehispánico

Este dominó se juega como cualquier otro, pero tiene algo especial: sus números son mayas. Así que, si quieres jugarlo, tienes que aprender el significado de estos jeroglíficos.

Zona maya

Los mayas llegaron al sur de nuestro país y Centroamérica desde la costa del golfo de México. Esto no fue resultado de una casualidad: algunas tribus olmecas los presionaron para que abandonaran su lugar de origen. Al llegar a su nuevo territorio, los mayas comenzaron a desarrollar una gran cultura: el clima cálido y lluvioso y su sistema de agricultura, que se logró gracias a la delgada capa de suelo fértil de la selva, permitieron el florecimiento de casi todas las actividades humanas.

Ellos fueron grandes astrónomos y matemáticos: su calendario es muy exacto y usaron el número cero antes que los europeos; como arquitectos y artistas destacaron al construir grandes y hermosas ciudades (Uxmal, Palenque, Bonampak, Chichén Itzá, Tikal y Copán, entre muchas otras), en las cuales existen templos, juegos de pelota, tumbas, grandes esculturas y murales que nos hablan de sus conquistas guerreras y su vida cotidiana. Ellos desarrollaron un idioma que aún se habla en su región a pesar de que su escritura no ha sido descifrada por completo, por esta razón, los libros mayas que conocemos (como el *Popol-Vuh*) se han conservado gracias a la memoria de los mayas. Las razones que explican el final de su cultura aún no son claras: algunos piensan que entraron en decadencia a causa de una mala actuación ecológica y otros suponen una serie de problemas políticos en sus pueblos.

Templo de los Guerreros en Chichén Itzá

Los mayas

Los números mayas

Los mayas fueron grandes matemáticos, desarrollaron un sistema numérico que incluía el cero y se basaba en el 20, por eso se le conoce como vigesimal. En este recuadro te presentamos de qué manera escribían los antiguos habitantes del sur del país sus números. ¿Te gustaría sumar y restar con ellos?, ¿por qué no lo intentas? Si avanzas un poco más en este libro no tardarás en encontrar un juego con estas características.

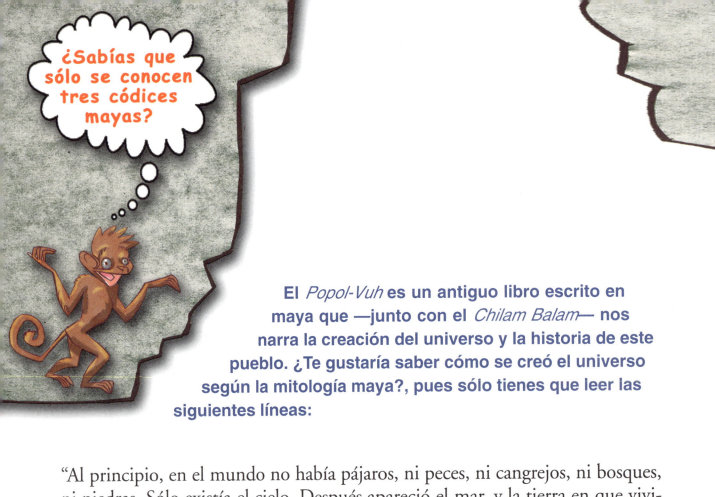

¿Sabías que sólo se conocen tres códices mayas?

El *Popol-Vuh* es un antiguo libro escrito en maya que —junto con el *Chilam Balam*— nos narra la creación del universo y la historia de este pueblo. ¿Te gustaría saber cómo se creó el universo según la mitología maya?, pues sólo tienes que leer las siguientes líneas:

"Al principio, en el mundo no había pájaros, ni peces, ni cangrejos, ni bosques, ni piedras. Sólo existía el cielo. Después apareció el mar, y la tierra en que vivimos todavía no aparecía. No había ruidos, sólo existía el silencio. Entonces, la serpiente cubierta de plumas creó la vida. Apareció lo que está sobre el agua: la tierra, los árboles, los animales y las aves; y también aparecieron los peces que están en el agua. Al final hizo al hombre, quien le pidió consejo a la serpiente emplumada sobre cómo cultivar la tierra y lograr el amor de los dioses. La serpiente le enseñó la naturaleza de la vida, la manera de cultivar la tierra y honrar a los dioses. Así fue como ocurrió la creación."

Popol-Vuh:
Un libro de los antiguos mayas

A pesar de que la lengua maya continúa
hablándose en nuestros días en
Centroamérica
y el sureste de México,
son muy pocos los signos del antiguo
maya que han podido ser descifrados.
Esto se debe a dos hechos: la destrucción
de sus códices durante la Conquista
española y la falta de un texto
escrito en maya y en una
lengua ya descifrada por los
arqueólogos.

Cuando los viajeros comenzaron a recorrer la zona maya a finales del siglo XVIII y principios del XIX, las opiniones sobre las antiguas ciudades se dividieron: algunos pensaban que habían sido construidas por salvajes, y otros las consideraban como un tesoro artístico. Palenque, que fue descubierta por el capitán Del Río en aquellos años, se encuentra al norte de Chiapas. Es una de las zonas arqueológicas más bellas de la región maya y atrajo a una gran cantidad de exploradores desde finales del siglo XVII, entre los que destaca Guillermo Dupaix, quien fue acompañado por el primer dibujante que se convirtió en el ilustrador de una gran obra sobre los mayas: *Antigüedades mexicanas*.

En este sitio se encuentran el gran palacio que aquí te mostramos; una pirámide conocida como el "Templo de las inscripciones", que fue construida con el fin de sepultar al rey Pakal, cuya tumba fue descubierta en 1952; los templos del Sol y del León; y un juego de pelota donde los mayas practicaban este deporte sagrado.

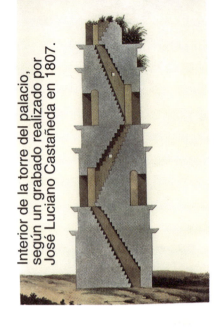

Interior de la torre del palacio, según un grabado realizado por José Luciano Castañeda en 1807.

Interior del palacio de Palenque, según un grabado realizado por José Luciano Castañeda en 1807.

Palenque

Serpientes y jaguares

Para jugar sólo necesitas un dado y una ficha para cada participante.

El juego te ofrece el reto de llegar a la meta marcada con el número veinte por medio de tiradas del dado. Parece fácil, ¿verdad? El problema es que si tu ficha cae en las casillas del jaguar tienes que regresar al principio, y si cae en las casillas de la serpiente, debes volver al lugar donde estabas.

Zona totonaca

La influencia de Teotihuacan fue más duradera que la vida de la "ciudad de los dioses": los totonacos, al igual que los xochicalcas de Morelos y los cholultecas de Puebla, fueron los herederos de la cultura de un pueblo que abandonó la ciudad que le dio origen.

La cultura totonaca, que ocupó una buena parte del estado de Veracruz, es resultado de la unión de los saberes desarrollados por los teotihuacanos y los olmecas. Una muestra de esto es su avanzado calendario, que transformaron en la pirámide de los nichos de Tajín, pues dicho edificio está formado por siete cuerpos superpuestos que tienen, cada uno de ellos, hileras de nichos para colocar fogatas. Cada uno de estos nichos correspondía a un día, hasta sumar 365.

Yugo totonaca, según un grabado del siglo XVIII.

Los habitantes del Totonacapan —con este nombre conocían nuestros antepasados al territorio que ocupaba esta cultura— también crearon una especial forma de arte: los llamados yugos, palmas y hachas gigantes los cuales, al parecer, sólo tenían una función ritual, que aún no ha sido descubierta por los arqueólogos que trabajan en esta zona.

Pirámide totonaca, según un grabado del siglo XVIII.

Los totonacos

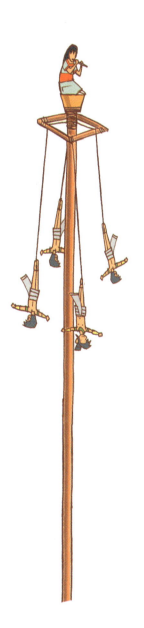

La ecología y las civilizaciones prehispánicas

Los primeros pobladores de América estaban perfectamente unidos a sus ecosistemas: los cazadores y los recolectores mantenían una relación con su medio ambiente que era muy parecida a la de los otros seres vivos. Sin embargo, desde el momento en que se convirtieron en agricultores y desarrollaron grandes civilizaciones cambió la relación que tenían con los ecosistemas: comenzaron a explotar la naturaleza para garantizar su supervivencia.

Nuestros antepasados mantuvieron una relación "muy cordial" con sus ecosistemas: tenían un gran respeto por la naturaleza y no explotaban al medio ambiente más de lo necesario. Sin embargo, según algunos investigadores, hubo ocasiones en que la explotación fue más allá y las culturas que lo hicieron —como los teotihuacanos— terminaron por desaparecer. ¿Verdad que ésta es una gran lección?

¿Soy especie en peligro?

Los dioses

Los antiguos mexicanos tenían una manera especial de entender el mundo: todo estaba lleno de dioses. La lluvia y la sequía, la vida y la muerte, la buena cosecha y el hambre, la paz y la guerra dependían de ellos, de los deseos de quienes controlaban el cosmos. Por esta razón, cada uno de los momentos de la vida de nuestros antepasados estaba vinculado con sus deidades, no existía ninguna actividad que no fuera ofrendada a los dioses. Ellos, sin duda, entendían el mundo de una manera distinta de la nuestra.

Si cada uno de los fenómenos naturales o los hechos de la vida del hombre estaban guiados por los dioses, no es extraño que los antiguos mexicanos fueran politeístas, es decir, tenían muchos dioses, y cada una de sus deidades cumplía una función muy específica: controlar la lluvia, proteger a los guerreros, cuidar del fuego, garantizar buenas cosechas, mantener la fertilidad de la tierra, curar las enfermedades. Y, en un mundo con estas características, resulta natural que cada uno de los dioses tuviera una manera específica de ser adorado.

¡A ver si ahora sí me dan mi calaverita!

Cómo reconocer al dios de la lluvia

Poco tiempo después de la conquista de Tenochtitlan, algunos sacerdotes españoles —como Fray Bernardino de Sahagún— comenzaron a investigar la religión de los antiguos mexicanos y descubrieron que uno de sus principales dioses era el de la lluvia, sobre el que Sahagún escribió:

"Este dios llamado Tláloc era el dios de la lluvia […] él daba las lluvias para que regresara a la tierra, y mediante la lluvia se creaban todas las hierbas, árboles, frutas y alimentos. También creían que él enviaba el granizo y los relámpagos, los rayos, las tempestades y los peligros de los ríos y del mar. El llamarse Tláloc Tlamacazqui quiere decir que es un dios que habita en el paraíso terrenal, y que da a los hombres lo necesario para mantener la vida corporal."

Tláloc era el dios mexica de la lluvia; los mayas también tenían un dios con los mismos atributos y le llamaban Chac, mientras que los habitantes de Oaxaca le nombraron Cocijo. Reconocer a estos dioses es muy fácil: todos tienen lengua de serpiente y círculos alrededor de los ojos, tal y como te lo mostramos en las imágenes de esta página.

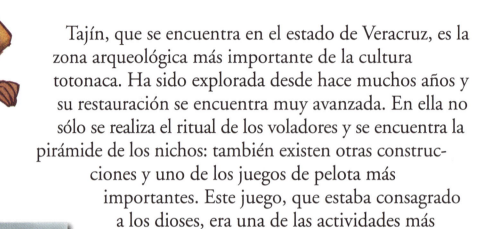

Tajín, que se encuentra en el estado de Veracruz, es la zona arqueológica más importante de la cultura totonaca. Ha sido explorada desde hace muchos años y su restauración se encuentra muy avanzada. En ella no sólo se realiza el ritual de los voladores y se encuentra la pirámide de los nichos: también existen otras construcciones y uno de los juegos de pelota más importantes. Este juego, que estaba consagrado a los dioses, era una de las actividades más importantes de las culturas prehispánicas.

Ritual de "Los voladores", según un grabado del siglo XIX.

Tajín

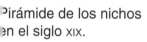
Pirámide de los nichos
en el siglo XIX.

¿Lo hicieron los jarochos?

Los números secretos

¡Lo prometido es deuda!

Aquí te presentamos una serie de operaciones matemáticas donde mezclamos números mayas y arábigos. ¿Eres tan buen matemático como para resolverlas?

Fundación de Tenochtitlan, según un grabado del siglo XIX.

Dice la tradición que los mexicas provenían de Aztlán, por eso también se les conoce como aztecas. Salieron de su tierra en el año 1116 en busca de la señal y el sitio prometidos por sus dioses: un águila parada sobre un nopal. Su andar duró más de 150 años y, en 1325, descubrieron un islote en el lago de Texcoco donde encontraron la señal esperada. Al principio, los mexicas fueron un pueblo muy pobre. Sin embargo, poco tiempo después, formaron una alianza con los habitantes de Texcoco y Tlacopan. Gracias a este hecho, su fuerza aumentó y emprendieron la conquista de los territorios cercanos. Sus victorias fueron tan importantes que, a partir de aquel momento, iniciaron la construcción del dominio más fuerte del México antiguo.

Los aztecas

¿Sabías que hablas náhuatl?

Nuestros antepasados no sólo nos heredaron el maíz y algunas costumbres como el Día de Muertos. Ellos también se hacen presentes en nuestras palabras, pues también nos legaron su idioma a pesar de que fueron conquistados hace poco más de 500 años. El náhuatl, al igual que otras lenguas indígenas, continúa vivo en los actuales habitantes de México, y esto no sólo incluye a los actuales grupos de habla náhuatl; también cuando alguien utiliza la palabra "apapachar" está empleando un verbo náhuatl: "papatzoa", que significa "hacer cariños con las manos". Este idioma también se hace presente cuando decimos "te va a llevar el coco", "coconete", "cuate", "chípil", "mitote", "nene" o "socoyote". También hablamos náhuatl cuando nos referimos a algunos alimentos como el chocolate, el atole, el pinole o los tamales.

Así, el náhuatl aún está presente en muchas palabras que empleamos de manera cotidiana, y con esto los antiguos mexicanos permanecen en nuestras vidas.

¡Yo sí estoy chípil!

La comida prehispánica

Algunos platillos prehispánicos

Los platillos de nuestros antepasados no eran tan sencillos como se piensa. Las tortillas, los frijoles y los chiles sólo eran parte de una gastronomía que contrastaba con elaborados platillos que requerían una complicada elaboración. Pensemos, por ejemplo, en cómo se preparaban los animales que ilustran este recuadro: el conejo lo cocinaban en moles que contenían muchos tipos de chile y especias; al venado no sólo lo asaban, también lo preparaban en guisos que contenían ingredientes como la flor de calabaza o el huitlacoche; a los tlalchichis, que eran unos perros pequeños a los cuales alimentaban con gran cuidado para mejorar el sabor de su carne; las distintas aves eran preparadas en caldos a los que agregaban verduras; y las serpientes, una vez que les habían quitado la piel y el veneno, se comían en ricos tacos acompañados por salsas condimentadas con algunos insectos que las hacían deliciosas. ¿Te parecen extraños estos platillos? Pues no te asombres: la mayoría de ellos aún forma parte de nuestra dieta.

La comida de los antiguos mexicanos no sólo se basaba en el maíz, los frijoles y el chile. Ellos se alimentaban de una gran cantidad de productos de las más diversas procedencias; comían insectos (chapulines, gusanos de maguey y huevecillos de ciertos tipos de moscos), la carne que agregaban a sus tamales era de muchos tipos de aves (guajolotes, patos y faisanes), los pescados tampoco eran raros en sus mesas y también se alimentaban de algunos reptiles y anfibios (serpientes, iguanas y ranas). No comían carne de res ni de puerco, pues estos animales no existían en sus territorios. Tampoco tenían quesos o leche en sus mesas. Pero los aztecas sí conocían los helados, pues traían la nieve de los volcanes cercanos a Tenochtitlan y le agregaban sabores con frutas; también bebían cacao, el cual era considerado una de las bebidas más deliciosas, a tal grado que los emperadores siempre lo pedían en sus mesas. Con el cacao y la leche actualmente se prepara el chocolate.

Preparación de la comida en la América prehispánica según los grabados del siglo XVII

¿Qué tal sabe el guisado de serpiente?

¡¡¡Horrible!!!

Después de que los mexicas llegaron al islote y se convirtieron en conquistadores, su ciudad comenzó a crecer hasta transformarse en la más grande del México prehispánico. Los mexicas, al igual que muchos de nuestros antepasados, nunca dejaban de construir: continuaban edificando sobre las obras que ya habían terminado, por lo que sus pirámides son una superposición de distintos edificios. Tras la conquista española, Tenochtitlan fue prácticamente destruida; sin embargo, sus ruinas permanecen bajo el centro de la ciudad de México y fueron descubiertas hace pocos años, para revelarnos una parte de la magnificencia que tuvo el principal asentamiento de la última tribu que llegó al valle de México.

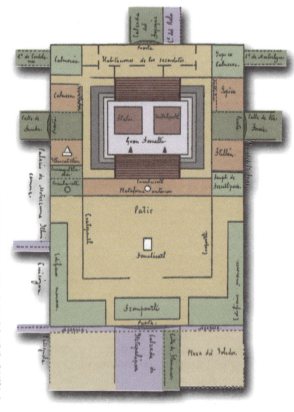

Plano del centro de Tenochtitlan.

Tenochtitlan

Fundación de Tenochtitlan, según un grabado del siglo XIX.

Dibuja un códice

Para crear un códice, sólo necesitas un pliego de papel de estraza, lápices de color, mucha imaginación y seguir las instrucciones que te presentamos a continuación.

Los códices de los antiguos mexicanos eran realizados por los tlacuilos, los hombres que dominaban el arte de la escritura.

Lo primero que hacían los tlacuilos era preparar con fibras vegetales el papel que iban a usar, o curtir las pieles para poder dibujar en ellas.

En la actualidad todavía es posible obtener algunos papeles fabricados con técnicas prehispánicas, uno de ellos es el amate, del cual existen muchas muestras en este libro, pues lo empleamos para destacar los recuadros.

Así, lo primero que debes hacer para dibujar tu códice es tener listo tu papel.

Por último, los tlacuilos coloreaban el códice con pinturas que obtenían de plantas (como el cempasúchil), de animales (como la cochinilla) o de minerales (como el carbón).

Ahora, para terminar tu códice, debes colorearlo con tus lápices.

Una vez que los tlacuilos tenían listo el papel o la piel que iban a utilizar, comenzaban a dibujar en él su contenido: historias de sus dioses, hazañas guerreras, relaciones de lo que debían pagarles quienes les rendían tributo. Para esto empleaban una serie de jeroglíficos, números y dibujos.

Por esta razón, el segundo paso que debes dar para crear tu códice es dibujar con un lápiz de color negro la historia que quieras contar. Para ello puedes copiar las figuras de códices que ilustran el libro.

Tras el descubrimiento de América y el establecimiento de los españoles en Cuba, no faltaba mucho tiempo para que ellos llegaran a las costas de nuestro país. Cortés no fue el primero en llegar: Francisco Hernández de Córdoba llegó a la península de Yucatán y fue atacado por los habitantes de Champotón; poco tiempo después, Juan de Grijalva hizo un largo recorrido por el Caribe y las costas del golfo de México. Sin embargo, no fue sino hasta la llegada de Hernán Cortés y sus tropas que se iniciaron los esfuerzos para la conquista.

Así, en el momento en que Cortés desembarcó con los suyos en las cercanías de Veracruz, la profecía de Quetzalcóatl comenzó a cumplirse: los hombres barbados llegaron para convertirse en los señores de esta tierra.

El encuentro

Por qué fueron derrotados los mexicas

Para muchas personas, la derrota de los mexicas ante las tropas de Cortés parece inexplicable, pues siempre se hacen una pregunta: ¿cómo fue posible que unos cuantos soldados vencieran a una civilización que contaba con miles de guerreros?

Existen, por lo menos, tres razones que explican este acontecimiento: los mexicas tenían muchos enemigos entre las civilizaciones indígenas, los cuales no dudaron en sumarse a las fuerzas de Cortés y por ello su ejército aumentó; asimismo, las armas que poseían los españoles eran mucho más poderosas que las de los mexicas y, por último, los españoles trajeron consigo enfermedades que no existían en esta parte del mundo y, al contagiar a los mexicas, los condenaban a muerte, pues éstos no tenían los anticuerpos para enfrentar tales padecimientos.

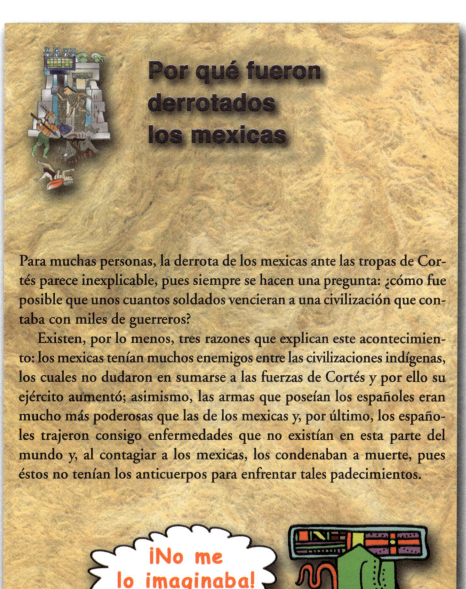

¡No me lo imaginaba!

Después de desembarcar en Veracruz y quemar sus naves, Cortés se lanzó a una de las aventuras más grandes de la historia: conquistar una gran nación con un puñado de soldados. Los enemigos de los mexicas no tardaron en aliarse a los españoles, que tenían armas mucho más poderosas que los guerreros águila. El ejército de Cortés ya era muy numeroso: 900 españoles y 200 000 indígenas aliados; además, contaban con 28 cañones y 68 caballos. Sitiaron Tenochtitlan. Nadie podía entrar o salir de la ciudad y, al paso de los días, el hambre se apoderó de ella. Para colmo de males, los españoles y sus aliados construyeron algunas naves para atacar la ciudad desde el lago que la rodeaba e impedir que por esta vía les llegaran alimentos a los mexicas.

Las enfermedades no se hicieron esperar y con ellas llegó un mal incurable: la viruela, que los españoles trajeron de Europa. Nuestros antepasados no conocían este mal, sus cuerpos no tenían defensa contra ella, y quienes la contraían estaban condenados a muerte.

La derrota era inevitable: los mexicas fueron vencidos el 13 de agosto de 1521. A partir de ese momento, la historia de nuestro país cambió por completo: durante los siguientes años, las distintas civilizaciones fueron derrotadas y los españoles comenzaron a construir una nueva sociedad, un mundo mestizo, donde ellos, los indígenas y los hombres que llegaron de África se fundieron en un solo país.

Una batalla de la Conquista, según el Lienzo de Tlaxcala.

La derrota

"En los caminos yacen los dardos rotos;
los cabellos están esparcidos.
Destechadas están las casas.
Enrojecidos tienen sus muros.
Gusanos pululan por calles y plazas,
y están las paredes manchadas de sesos.
Rojas están las aguas,
cual si las hubieran teñido,
y si las bebíamos,
eran aguas de salitre.
Golpeábamos los muros de adobe
en nuestra ansiedad
y nos quedaba por herencia
una red de agujeros.
En los escudos
estuvo nuestro resguardo
pero los escudos
no detienen la desolación.
Hemos comido panes de colorín,
hemos masticado grama salitrosa,
pedazos de adobe,
lagartijas, ratones,
y tierra hecha polvo y aun los gusanos."

Manuscrito anónimo de Tlatelolco, 1528
(Biblioteca Nacional de París).

Planos de los primeros tiempos de la ciudad de México.

Para los educadores

Este libro fue concebido como un material que no sólo pretende dar a conocer a los niños las señas de identidad de los antiguos mexicanos, sino también como un apoyo para las labores docentes. Por esta razón, me permito comentar algunas obras que pueden ayudar a los profesores en el descubrimiento de nuestros antepasados.

Sin duda alguna, una de las fuentes más antiguas para conocer a quienes nos antecedieron son las obras de los llamados cronistas de Indias, quienes, en la mayoría de los casos, recogieron información de primera mano sobre nuestros antepasados. A título personal, creo que entre este grupo de obras destacan la *Historia general de las cosas de Nueva España*, de fray Bernardino de Sahagún y la *Historia verdadera de la conquista de la Nueva España*, de Bernal Díaz del Castillo. En dichos textos, no sólo se encuentran detalladísimas descripciones sobre la vida y los hechos de nuestros antepasados, sino que también nos revelan la sorpresa de los recién llegados ante un mundo que aún estaban por descubrir. Sin duda, estas características los hacen mucho más que un recuento histórico o

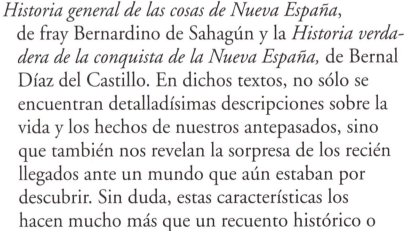

antropológico, son el material que condensa la imaginación y la fantasía de los hombres que llegaron del otro lado del mar.

Además de estas obras clásicas, los docentes pueden recurrir a un sinnúmero de textos que abordan distintos aspectos de la vida de los antiguos mexicanos: sobre sus códices, por ejemplo, puede leerse la excepcional obra de María Stern: *Las extraordinarias historias de los códices mexicanos*; acerca de la permanencia del idioma náhuatl, puede consultarse *Herencia cultural del mundo náhuatl*, de Birgitta Leander, y para conocer los esfuerzos de investigación que se han realizado desde el siglo XVI, bien vale la pena adentrarse en una obra colectiva: *Descubridores del pasado en Mesoamérica*.

Agradecimientos

Este trabajo no es resultado de un esfuerzo aislado. No existen las "robinsonadas". Por esta razón es necesario dar cuenta de los apoyos que lo hicieron posible: sin el esfuerzo y las críticas de Columba F. Domínguez y Antonio Hernández Estrella este libro no sería lo que es; sus aciertos son resultado de sus palabras y sus errores sólo son de mi factura. Asimismo, quisiera agradecer a Patricia y Verónica Lozano, quienes discutieron infinidad de propuestas gráficas. Por último, debo mencionar al equipo de Alfaguara Infantil, quienes me brindaron su apoyo a lo largo de este camino.

Este libro terminó de imprimirse en abril de 2003 en Grupo Caz, Marcos Carrillo núm. 159 Col. Asturias, C. P. 06850, México, D. F.

Instant Pot Ultimate Cookbook

*The Complete Pressure Cooker Guide
With Your Favorite
Healthy Dinner Entrée Recipes*

Introduction

Welcome to the Instant Pot Cookbook, where you will find delicious and healthy Pressure Cooker dinners that will bring your whole family to the table.

In this recipe book you will find delectable dinner entrees that could easily be prepared and cooked in your Pressure Cooker after a long day of work. It is a collection of recipes with a new twist on your favorite home-cooked meals that will keep your family full and smiling.

In here, you will find recipes for savory beef entrees, pork entrees, chicken entrees and even some of your favorite stews and pastas that would go great with rice or fresh baked bread. If you are feeling more adventurous and need a quick pick-me-up then the Indian Butter Chicken recipe or the Green Chili Curry might be just what you need on a Monday night! No matter how you are feeling, there is a recipe to suit your every mood and taste bud!

The recipes in this collection are also very versatile and would make great lunches, weekend dinners and even holiday feasts that will surely impress your relatives and in-laws!

We sincerely hope you enjoy this Instant Pot Cookbook as much as we did cooking our way through all these great recipes.

Disclaimer: Cook times and Prep times are suggested times based on trial and preferences. The cook times are also recommendations from Instant Pot manuals that have been adjusted by our team. We have provided "Notes" sections in the recipes for you to add in your own personal tips and tricks on how to make *your* perfect dinner entrée.

Table of Contents

Introduction 2
   Savory Chicken Entrées 5
Easy Indian Butter Chicken 6
Hot Korean Chicken Drumsticks 9
Zesty Orange Chicken 11
Savory Chicken Breasts 12
Creamy Chicken Broccoli over Rice 14
Sticky Honey Chicken Drumsticks 16
Soy Butter Chicken Drumsticks 18
Chicken Pot Pie Stew 20
   Savory Beef Entrées 23
Easy Fall Apart Short Ribs 24
Beef Stroganoff 26
Classic Pot Roast and Potatoes 28
Sloppy Joes 30
Best Beef Roast and Carrots 32
Grammy's Savory Meatballs 34
Savory Maple Smoked Brisket 36
Vietnamese Beef Stew 38
   Savory Pork Entrées 40
Classic Family Pork Roast 41
Savory Honey Dijon Mustard Pork Chops 43
Easy Mushroom Gravy with Pork Chops 44
Easy Pulled Pork Taco Dinner 46
Savory Pork Patties in Jus 48
   Savory Curries and Chilies 50
Green Chili with Chicken 51
Yellow Curry with Jumbo Shrimp 53

- How to make your own Yellow Curry Paste 54
- Hot Red Fish Curry 56
- Homestyle Chili Con Carne 58
  - Savory Pastas and Stews 60
- New England Clam Chowder 61
- Creamy Potato Cheese Soup 64
- Macaroni in a Creamy Lemon Sauce 66
- Pasta with Meat Sauce 68
- Mama's Fish Stew 70
  - Got a Sweet Tooth? 72
- Daddy's Oatmeal Raisin Cookies 73
- Salted Caramel Chocolate Brownie 75
- The Ultimate Banana Cream Pie 77
- Yellow Mellow Lemon Pie 80
- Orange Cream Cheesecake 81
- After Dinner Chocolate Mousse 82
- Glazed lemon Poppy Seed Loaf 83
- Old Fashion Carrot Cake Cupcake 85
- The Perfectly Baked Apple Pie 87
- THANK YOU 88
- Copyright Legal Information 90

Savory Chicken Entrées

COOK TIME
10 MIN
PREP TIME
5 MIN
SERVINGS
6-8 SERVINGS

INGREDIENTS

- 10 boneless skinless chicken thighs
- 2 cans (14 oz.) diced tomatoes and juice
- 2 jalapeno peppers, seeded and chopped
- 2 tablespoons fresh ginger root, peeled and chopped
- ½ cup butter
- 2 teaspoons ground cumin
- 1 tablespoon paprika
- 2 teaspoons kosher salt
- ¾ cup heavy cream
- ¾ cup Greek yogurt
- 2 teaspoons garam masala
- 2 tablespoons cornstarch
- 2 tablespoons water
- ¼ cup firmly packed minced cilantro

PREPARATION

1. Cut the chicken pieces into quarters.

2. Put tomatoes, jalapeno and ginger in a blender or food processor and blend to a fine puree.

3. Add butter to pressure cooker and brown. Once butter starts to foam add the chicken pieces and sauté until nicely browned. Remove chicken with a slotted spoon into a bowl and set aside.

4. Add ground cumin and paprika to the butter in the pot and cook, stirring rapidly, for 10-15 seconds. Add the tomato mixture, salt, cream, yogurt and chicken pieces (with any juices in the bowl) to the pot.

5. Gently stir the chicken to coat the pieces. Cover and lock lid in place, cook on High for 5 minutes, set timer.

6. When timer goes off, carefully release pressure then stir in the garam masala. Whisk together cornstarch and water in a small bowl.

7. Stir into sauce in the pot, and bring it back to a boil for about 5 minutes.

8. Turn off pressure cooker and stir in minced cilantro. Serve with rice and naan on the side.

NOTES

Hot Korean Chicken Drumsticks

COOK TIME
15 MIN
PREP TIME
10 MIN
SERVINGS
6-8 SERVINGS

INGREDIENTS

To make the Korean Sauce
- ½ cup gochujang
- ¼ cup hoisin sauce
- ¼ cup ketchup
- ¼ cup mirin
- ¼ cup soy sauce
- ¼ cup sake rice wine
- 1 tablespoon fresh grated ginger and minced garlic

The Chicken
- 1 tablespoon olive oil
- 1 tablespoon sesame oil
- 8 drumsticks
- 1 chopped medium onion
- 1 cup chicken broth
- 2 teaspoons cornstarch
- ¼ cup water

PREPARATION

1. Whisk all the sauce ingredients together.

2. Set your pressure cooker on High and add the olive oil and sesame oil and quickly brown your drumsticks flipping them over with tongs. Make sure its brown evenly.

3. Then toss in the onion and let it brown for about a minute.

4. Add the chicken broth and water to the drumsticks and onions.

5. Then add your Korean Sauce to the mixture and give it a good mix.

6. Cover and lock lid in place and cook on High for 15 minutes, set timer.

7. Once timer goes off, release pressure and give it a good stir.

8. You can garnish with fresh parsley or fresh chopped green onion and serve with jasmine rice or over Asian udon.

NOTES

Zesty Orange Chicken

COOK TIME
6 MIN
PREP TIME
5 MIN
SERVINGS
4-6 SERVINGS

INGREDIENTS

- 4 large boneless skinless chicken breasts diced up
- ¼ cup soy sauce (dark soy preferred)
- ½ cup chicken broth
- 2 tablespoon brown sugar
- 1 tablespoon rice wine
- 1 tablespoon sesame oil
- ¼ teaspoon chili garlic sauce
- ½ cup orange marmalade
- Chili flakes and fresh chopped green onions for garnish

PREPARATION

1. In a bowl whisk together following ingredients:

    - ¼ cup soy sauce (dark soy preferred)
    - 2 tablespoon brown sugar
    - 1 tablespoon rice wine
    - ¼ teaspoon chili garlic sauce
    - ½ cup orange marmalade

2. Set your pressure cooker on High and add the sesame oil and quickly brown your diced chicken breasts.

3. Add the chicken broth to chickens. Add the whisked ingredients to chicken.

4. Quickly stir to combine, then cover and lock lid in place and cook on High for 6 minutes. Set timer. Once timer goes off, release pressure and give it a gentle stir.

5. Serve over brown rice and garnish with fresh chopped green onions and chili flakes for an extra kick.

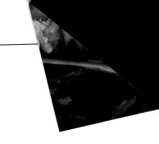

COOK TIME
40 MIN
PREP TIME
10 MIN
SERVINGS
4-6 SERVINGS

INGREDIENTS

- 4 frozen chicken breasts
- 1 cup water
- 2 cups chicken broth
- ½ teaspoon sea salt
- ½ teaspoon dried parsley
- 1 small slice of butter
- Half a pound of baby carrots
- 1 zucchini, sliced

PREPARATION

1. Place frozen chicken breasts in pressure cooker, add in all the wet ingredients and dry ingredients.

2. Surround the chicken breasts with the baby carrots and sliced zucchini.

3. Cook on medium and set timer for 40 minutes.

4. Once timer goes off check that everything is nice and soft. Serve with rice or Asian noodles with fresh ground pepper. The juices could be turned into a gravy for mash potatoes the next day.

Creamy Chicken Broccoli over Rice

COOK TIME
15 MIN
PREP TIME
5 MIN
SERVINGS
4 SERVINGS

INGREDIENTS

- 1 tablespoon olive oil
- 1 tablespoon butter
- 2 large boneless, skinless chicken breasts
- ½ cup chopped onion
- 1 (14 oz.) can chicken broth
- ½ teaspoon sea salt
- ½ teaspoon black pepper
- 1/8 teaspoon red pepper flakes
- 1 tablespoon dried parsley
- 2 tablespoons cornstarch
- 2 tablespoons water
- 4 oz. light cream cheese, cut into cubes
- 1 cup shredded cheddar cheese
- 3 cups chopped broccoli, lightly steamed

PREPARATION

1. Salt and pepper the chicken breasts. Add oil and butter to pressure cooking pot, and brown the chicken breasts when the butter is sizzling. Remove to a plate and set aside.

2. Add the onion to the pressure cooker, stirring occasionally its tender. Roughly 5 minutes then stir the chicken broth, salt, pepper, red pepper flakes, and parsley. Mix well, then add the chicken breasts.

3. Set pressure cooker on high for 5 minutes. Set timer. When timer goes off, release pressure and carefully remove the chicken breast to a cutting board and cut into small pieces.

4. Dissolve cornstarch in 2 tablespoons water in a small bowl. Cook the mixture in the pressure cooker. Once simmered add the cream cheese and shredded cheese. Stir until everything is melted. Add the cutup chicken and broccoli. Cook for another 5 minutes until broccoli and chicken are heated through.

5. Serve with rice and a tossed salad.

Sticky Honey Chicken Drumsticks

COOK TIME

40 MIN

PREP TIME

10 MIN

SERVINGS

4 SERVINGS

INGREDIENTS

- 2 pounds Chicken drumsticks
- 1 medium diced Onion
- 2 cloves minced garlic
- ¼ teaspoons Salt
- ¼ teaspoons Black Pepper
- ¼ red pepper flakes
- 1 cup honey
- 1 cup soy sauce
- 1 cup chicken stock
- 2 tablespoons olive oil

PREPARATION

1. In mixing bowl mix together the following ingredients:

- 2 pounds Chicken drumsticks
- 1 medium diced Onion
- 2 cloves minced garlic
- ¼ teaspoons Salt
- ¼ teaspoons Black Pepper
- ¼ red pepper flakes
- 1 cup honey
- 1 cup soy sauce

2. In your pressure cooker set to Medium and heat up the chicken stock with the olive oil.

3. Once the stock is boiling place your chicken mixture into pressure cooker.

4. Set timer for 40 minutes. Once timer goes off release pressure. Serve over rice or pasta.

NOTES

Soy Butter Chicken Drumsticks

COOK TIME
15 MIN
PREP TIME
10 MIN
SERVINGS
4-6 SERVINGS

INGREDIENTS

- 8 medium size drumsticks
- 1 large onion chopped
- 1 large carrot chopped
- 1 cup soy sauce (dark soy preferred)
- 1 cup chicken broth
- 1 cup water
- ½ cup of melted butter (this is what makes it buttery and moist)
- ¼ cup Honey
- 1 tablespoon rice wine
- 1 tablespoon sesame oil
- 1 tablespoon olive oil
- 1 tablespoon minced fresh garlic
- 1 tablespoon Chili flakes

PREPARATION

1. In a bowl whisk together following ingredients:

- 1 cup soy sauce (dark soy preferred)
- 1 cup chicken broth
- 1 cup water
- ½ cup of melted butter (this is what makes it buttery and moist)
- ¼ cup Honey
- 1 tablespoon rice wine
- 1 tablespoon sesame oil
- 1 tablespoon olive oil
- 1 tablespoon minced fresh garlic
- 1 tablespoon Chili flakes

2. Set your pressure cooker on medium, once it's hot add sesame and olive oil and quickly brown your drumsticks.

3. Once drumsticks are browned place your carrots and onion over the drumsticks and pour in your whisked mixture.

4. Cover and Lock lid and cook on High. Set timer for 15 minutes.

5. Once timer goes off, release pressure and give it a gentle stir.

6. Serve over brown rice or udon and garnish with fresh parsley.

NOTES

Chicken Pot Pie Stew

COOK TIME
45 MIN
PREP TIME
5 MIN
SERVINGS
6-8 SERVINGS

INGREDIENTS

- 4 large frozen chicken breasts
- 1 large onion, chopped
- 1 bag of frozen mixed vegetables
- Salt and pepper
- 4 cups of chicken broth
- 1 cup heavy cream (or milk)
- 2 tablespoon flour

PREPARATION

1. Put your frozen chicken breasts, chopped onion, salt and pepper and 4 cups of the chicken broth into your pressure cooker.

2. Lock the lid and set it to "Soup/Stew" setting and set timer for 40 minutes.

3. Once timer goes off carefully release pressure and remove lid. Take out the chicken breasts to a plate, let it cool then cut the chicken breasts into small pieces and put it back into the pot.

4. Cook on high and let the broth boil and add the frozen vegetables to the broth, stir well and bring it back to a boil.

5. Mix in the 1 cup of heavy cream with the flour and pour into the soup to thicken.

6. Adjust seasoning to your liking and serve with warm bread or dinner rolls.

NOTES

Savory Beef Entrées

COOK TIME
15-20 MIN
PREP TIME
10 MIN
SERVINGS
4 SERVINGS

INGREDIENTS

- 2 lbs. short ribs
- 1 tablespoon oil
- 4 tablespoons soy sauce
- 2 tablespoons brown sugar
- 3 tablespoons honey
- 3 Cloves garlic, minced
- ¼ cup ketchup
- 2 tablespoons minced onion
- 2 tablespoons rice vinegar
- 1 teaspoon sriracha

PREPARATION

1. Combine all the sauce ingredients in a bowl and give it a quick mix (the following ingredients below)

    - 1 tablespoon oil
    - 4 tablespoons soy sauce
    - 2 tablespoons brown sugar
    - 3 tablespoons honey
    - 3 Cloves garlic, minced
    - ¼ cup ketchup
    - 2 tablespoons minced onion
    - 2 tablespoons rice vinegar
    - teaspoon sriracha

2. Heat the oil in the pressure cooker until very hot and add the ribs and drizzle the mixed sauce ingredients all over the ribs.

3. Close the lid and bring to pressure. Cook for the suggested 15-20 minutes on high.

Beef Stroganoff

COOK TIME
20 MIN
PREP TIME
10 MIN
SERVINGS
6-8 SERVINGS

INGREDIENTS

- 2 pounds of beef round steak cut into one inch pieces
- 1 large onion diced
- 2 cups of sliced white mushrooms
- 1 cup of tomato sauce
- ¼ dried parsley flakes
- 1 tablespoon minced fresh garlic
- 1 cup beef broth
- 1 tablespoon butter
- 1 tablespoon olive oil
- Salt and Pepper
- 1/3 cup of sour cream

PREPARATION

1. In a mixing bowl add your beef and season with two small pinch of salt and pepper. In another small mixing bowl whisk together the following ingredients:

    - 1 cup of tomato sauce
    - ¼ dried parsley flakes
    - 1 tablespoon minced fresh garlic
    - 1 cup beef broth

2. Set your pressure cooker to medium and add in the butter and olive oil, once hot, quickly brown your beef for 2 minutes.

3. Add in the diced onion and white mushrooms and give it a gentle stir.

4. Then add in your whisked ingredients and cover with lid and lock it in place and cook on High for 20 minutes. Set timer.

5. Once timer goes off, release pressure and give it a gentle stir. Serve over pasta with a dollop of sour cream.

NOTES

Classic Pot Roast and Potatoes

COOK TIME
1 HOUR
PREP TIME
15 MIN
SERVINGS
6 SERVINGS

INGREDIENTS

- 1 (3 to 4 pound) boneless beef chuck-eye roast, trimmed
- Sea salt and pepper
- 1 tablespoon olive oil
- 1 onion, finely chopped
- 1 shallot, minced
- 2 tablespoons tomato paste
- ½ ounce dried porcini mushrooms, rinsed and minced
- 2 cups beef broth
- 2 pounds small Yukon Gold potatoes

PREPARATION

1. Season beef with salt and pepper and brown in pressure cooker with the oil. Brown each side for 8 to 10 minutes. Then set aside on a platter.

2. Add the onions and shallot into the cooked oil in the pot and cook until softened.

3. Add: tomato paste, mushrooms, potatoes, beef broth and the beef loaf in the center of the pressure cooker.

4. Lock lid and cook on High and set timer for 90 minutes.

5. When timer goes off, turn off pressure cooker and release pressure and transfer everything in the pot onto a serving plate.

6. While the beef is resting, strain juices through a sieve and return it to the pressure cooker and sauté the juices with some flour to create a gravy.

Sloppy Joes

COOK TIME
1 HOUR
PREP TIME
15 MIN
SERVINGS
4-6 SERVINGS

INGREDIENTS

- 2 lbs. ground beef
- 1 cup ketchup
- 1 large can of stewed tomatoes
- ½ cup chopped red peppers and onions
- 2 teaspoon minced garlic
- 1 teaspoon onion powder
- 1 tablespoon Worcestershire
- 2 tablespoons brown sugar
- 2 tablespoons chili powder
- 1 tablespoon yellow mustard
- A Squirt of sriracha

PREPARATION

1. On highest setting in pressure cooker, sauté and brown the ground beef.

2. Stir the rest of the ingredients together in a bowl and pour it over the ground beef and mix well before closing the lid.

3. Cook on high for 8 minutes.

4. Release pressure and remove lid, serve with your favorite bun and sides.

Best Beef Roast and Carrots

COOK TIME
1 HOUR 10 MIN
PREP TIME
10 MIN
SERVINGS
2-4 SERVINGS

INGREDIENTS

- 2-pound boneless beef chuck shoulder roast (No substitutions)
- 1-2 pounds carrots, peeled and chopped into bite-sized pieces
- 3 tablespoons olive oil
- 2 tablespoons red wine vinegar
- One steak seasoning packet of your choice

PREPARATION

1. Combine all ingredients into your pressure cooker.

2. Seal lid and cook on Low. Set timer for 1 hour and 10 minutes. Once timer goes off, release pressure and carefully remove lid.

3. Use fork to shred the beef before serving.

4. Serve with rice or Asian noodles.

NOTES

Grammy's Savory Meatballs

COOK TIME
8 MIN
PREP TIME
10 MIN
SERVINGS
4-6 SERVINGS

INGREDIENTS

- 1 medium onion, finely chopped
- 2 cloves minced garlic
- ½ cup plain dried bread crumbs
- ½ teaspoon dried oregano
- ½ teaspoon dried parsley
- ¼ teaspoon black pepper
- 2 teaspoons salt
- 1 tablespoon olive oil
- 1 large egg
- 1 pound mixed/ground beef meat
- 1 jar of your favorite tomato sauce
- 2 cups water

PREPARATION

1. In a large mixing bowl add the following ingredients to your ground beef:

- 1 medium onion, finely chopped
- 2 cloves minced garlic
- ½ cup plain dried bread crumbs
- ½ teaspoon dried oregano
- ½ teaspoon dried parsley
- ¼ teaspoon black pepper
- 2 teaspoons salt
- 1 tablespoon olive oil

2. Mix with your hands until everything is incorporated, then crack your egg into the mixture and mix until the egg is incorporated into the meet and seasonings. Set aside the mixture.

3. In your pressure cooker add the jar of tomato sauce and water and let it h... medium and set to 'sauté' mode.

4. Place your meat mixture next to the pressure cooker and start making meatballs – make sure you make them the same size and place each one of the meatballs into your sauce.

5. Keep layering the meatballs into your pressure cooker until you run out of mixture.

6. Close and lock the lid of your pressure cooker and cook for 8 minutes on high. Set timer.

7. Once done cook release pressure and serve with your favorite pasta or jasmine rice. It goes great with a crusty baguette too.

NOTES

Savory Maple Smoked Brisket

COOK TIME
50 MIN
PREP TIME
10 MIN
SERVINGS
2-4 SERVINGS

INGREDIENTS

- 2 lb. beef brisket
- 2 tablespoon maple syrup
- 1 tablespoon of brown sugar
- 2 tablespoon smoked sea salt
- 1 teaspoon black pepper
- 1 teaspoon mustard powder
- 1 teaspoon onion powder
- 1 teaspoon smoked paprika
- 1 tablespoon of olive oil
- 2 cups beef stock
- 2 fresh thyme sprigs

PREPARATION

1. Place your brisket in a mixing bowl and coat it with the following ingredients:

- 2 tablespoon maple syrup
- 1 tablespoon of brown sugar
- 2 tablespoon smoked sea salt
- 1 teaspoon black pepper
- 1 teaspoon mustard powder
- 1 teaspoon onion powder
- 1 teaspoon smoked paprika

2. Set your pressure cooker to "Sauté" and add olive oil and brown your brisket on both sides 2 minutes each side.

3. Once browned leave your brisket in the pressure cooker and add the beef stock and thyme to your brisket and set to Medium. Set timer to 50 minutes.

4. Once timer goes off release pressure. Remove brisket from broth and its optional to thicken broth with some flour for gravy.

5. Serve with vegetables, mash potatoes or jasmine rice.

NOTES

Vietnamese Beef Stew

COOK TIME
15-20 MIN
PREP TIME
10 MIN
SERVINGS
4-6 SERVINGS

INGREDIENTS

- 2 ½ pounds stew-cut beef cut into small chunks
- 3 large cloves garlic, minced
- 3 tablespoon minced fresh ginger
- 1 ½ tsp brown sugar
- 1 teaspoon ground black pepper
- 3 tablespoon fish sauce
- 3 tablespoon tomato paste
- 3 stalks lemongrass cut into 3-inch lengths
- 2 whole star anise
- 3 cups beef broth
- 3 cups of coconut water
- 2 cups of water
- 1 medium onion chopped
- 4 large carrots, peeled and cut into chunks
- 3 large potatoes, peeled and cut into chunks
- ¼ cup coarsely chopped fresh cilantro leaves

PREPARATION

1. In a mixing bowl marinate beef with following and set aside:

- 3 large cloves garlic, minced
- 3 tablespoon minced fresh ginger
- 1 ½ tsp brown sugar
- 1 teaspoon ground black pepper
- 3 tablespoon fish sauce
- 3 tablespoon tomato paste

2. Heat pressure cooker on High, add a drizzle of olive oil and quickly brown the beef chunks. Then add the following to your pressure cooker:

- 3 stalks lemongrass cut into 3-inch lengths
- 2 whole star anise
- 3 cups beef broth
- 3 cups of coconut water
- 2 cups of water
- 1 medium onion chopped
- 4 large carrots, peeled and cut into chunks
- 3 large potatoes, peeled and cut into chunks
- ¼ cup coarsely chopped fresh cilantro leaves

3. Once you've added the rest of your ingredients then lock lid and cook on High for 15 minutes. Set timer.

4. Once timer goes off release pressure and check for softness of the carrots. You should be able to easily stick a fork through, if not you can cook for another 5 minutes.

5. Serve with Asian noodles and a squeeze of fresh lime or dip with crusty baguette.

NOTES

Savory Pork Entrées

Classic Family Pork Roast

COOK TIME
1 HOUR 15 MIN
PREP TIME
15 MIN
SERVINGS
4-6 SERVINGS

INGREDIENTS

- 1 (3 lb.) pork roast
- Sea salt and pepper
- Everyday Seasoning from Trader Joe's
- 2 tablespoon olive oil
- 1 lb. baby carrots
- 2 lbs. potatoes cut into chunks

PREPARATION

1. Rinse and pat pork roast dry season it. Add oil in the pressure cooker and once its sizzling brown the pork roast.

2. Add 12 oz. water to pressure cooker and surround the pork roast with carrots and potatoes and cook on Medium for 1 hour. Set timer.

3. Once timer goes off let the pressure out and open lid and check with meat thermometer.

4. Transfer to serving plate and serve with rice and warm rolls.

NOTES

Savory Honey Dijon Mustard Pork Chops

COOK TIME
8 MIN
PREP TIME
10 MIN
SERVINGS
4 SERVINGS

INGREDIENTS

- 4 pork chops
- 3 cloves garlic, roughly chopped
- 1 small onion, sliced
- 1 tablespoon olive oil
- ½ homemade chicken stock
- ¼ cup honey
- 1 tablespoon Worcestershire sauce
- 1 tablespoon Dijon mustard
- 1 teaspoon paprika
- 1 ½ tablespoon cornstarch + 2 tablespoons water
- Salt & black pepper to taste

PREPARATION

1. Tenderize the pork chops with a small meat hammer. Then generously season the pork chops with black pepper and salt.

2. Set your pressure cooker on High and roughly brown pork chops and set aside.

3. Then sauté the onions with garlic in pressure cooker.

4. Pour in chicken stock and add honey and Worcestershire sauce, Dijon mustard, and paprika. Stir well.

5. Place browned pork chops back into the pressure cooker. Close and lock lid. Cook on High and set timer for 8 minutes.

6. Once timer goes off release pressure.

7. Serve with jasmine rice, pasta or dinner rolls.

Easy Mushroom Gravy with Pork Chops

COOK TIME
20 MIN
PREP TIME
5 MIN
SERVINGS
4-6 SERVINGS

INGREDIENTS

- 4 bone-in thick pork chops
- 2 tablespoons olive oil
- 1 ½ cups water
- 1 can condensed cream of mushroom soup
- Lemon pepper

PREPARATION

1. Rinse and pat pork chops dry and season liberally with Lemon Pepper (or your favorite seasoning).

2. Brown oil in pressure cooker, then quickly brown pork chops on both sides in the pot. When browned set aside the pork chops.

3. Add water to deglaze the pot and stir in the mushroom soup, then add the pork chops back into the pressure cooker.

4. Lock lid in place and cook on High. Set timer for 20 minutes. When timer goes off release pressure and carefully remove lid.

5. Serve each pork chop on individual plates with pasta or rice and pour the mushroom gravy over the pork chops.

NOTES

Easy Pulled Pork Taco Dinner

COOK TIME
45 MIN
PREP TIME
10 MIN
SERVINGS
4-6 SERVINGS

INGREDIENTS

- 2 tablespoons olive oil
- 4 lbs. boneless pork shoulder, cut in two pieces
- 2 cups barbecue sauce, divided
- Pinch of black pepper
- Pinch of Cayenne pepper
- ½ cup water

PREPARATION

1. Brown the pork on both sides with the oil in pressure cooker 2-3 minutes per side. Once browned, set aside.

2. Mix 1 cup barbecue sauce and ½ cup water into the pressure cooker. Stir to combine and add the pork back into the pressure cooker and the rest of the seasoning.

3. Cook on High and set the timer for 45 minutes. When timer goes off release pressure and carefully lid.

4. Remove the pork from the pressure cooker and shred with two forks.

5. Strain the cooking juice through a sieve and set aside ½ cup of the juice.

6. Put the shredded pork back into pressure cooker and add the 1 cup barbecue sauce and the ½ cup of cooking juice and bring it back to a simmer and mix well.

7. Serve on warm taco shells with your favorite toppings or on toasted rolls.

Savory Pork Patties in Jus

COOK TIME
10 MIN
PREP TIME
15 MIN
SERVINGS
4 SERVINGS

INGREDIENTS

- 2 pounds of ground pork
- ½ cup bread crumbs
- 1 egg
- 3 cloves garlic, minced
- 1 small onion, minced
- 1 tablespoon sesame oil
- 1 tablespoon dried parsley flakes
- 1 tablespoon salt and pepper, mixed
- 1 tablespoon soy sauce
- 1 tablespoon Worcestershire sauce
- 1 tablespoon Dijon mustard

FOR THE JUS
- 2 cans beef stock
- ½ cup rice wine
- 1 sprig of rosemary
- 1 sprig of thyme

PREPARATION

1. In large mixing bowl combine all the above ingredients and mix well.

2. Start forming your patties. You want them at least 1 inch thick and palm size, gently flattened. This should yield 4-5 patties (you can determine the thickness and size, but if it's too thin it will fall apart when cooking in the Jus)

3. Once patties are formed, heat up a frying pan with olive oil and grill each side of the patters for 3 minutes or until golden brown.

4. Set your pressure cooker on High and add the ingredients for the Jus. Bring to a boil and place two patties at a time. Lock lid and cook for 8 minutes. Set timer.

5. Once timer goes off, release pressure and gently scoop out your patties and serve on your favorite bun with fresh romaine lettuce and sliced tomatoes.

6. For the remaining Jus you can save it and turn it into a gravy for your next meal.

NOTES

Savory Curries and Chilies

Green Chili with Chicken

COOK TIME
10 MIN
PREP TIME
10 MIN
SERVINGS
4-6 SERVINGS

INGREDIENTS

- 3 pounds bone-in skin-on chicken thighs and drumsticks
- 4 tomatillos, quartered, husks discarded
- 3 poblano peppers, roughly chopped, seeds and stems discarded
- 2 Anaheim or Cubanelle peppers, roughly chopped, seeds and stems discarded
- 2 Serrano or jalapeño chilies, roughly chopped, stems discarded
- 1 medium white onion, roughly chopped
- 6 medium cloves garlic, peeled
- 1 tablespoon whole cumin seed, toasted and ground
- Kosher salt
- ½ cup loosely packed fresh cilantro leaves and fine stems, plus more for garnish
- 1 tablespoon Asian fish sauce and fresh corn tortillas and lime wedges, for serving
- You can also garnish with extra jalapeño peppers for more heat

PREPARATION

1. Combine chicken, tomatillos, poblano peppers, Anaheim peppers, Serrano peppers, onion, garlic, cumin, and a big pinch of salt in pressure cooker. Cook on High for 15 minutes. Set timer.

2. Once timer goes off, release pressure and carefully open lid and transfer chicken pieces to a bowl and set aside.

3. Add cilantro and fish sauce to the pressure cooker and mix with a blender and season with some salt and pepper to taste.

4. Add the chicken back into the sauce and stir well. Once all mixed, transfer everything from the pressure cooker to a serving bowl.

5. Serve immediately with tortillas and lime wedges.

Yellow Curry with Jumbo Shrimp

COOK TIME
10 MIN
PREP TIME
8-10 MIN
SERVINGS
4 SERVINGS

INGREDIENTS

- 1 pound frozen jumbo shrimp, thawed and peeled
- Salt and White Pepper
- 1 tablespoon dried parsley
- 1 tablespoon Sesame oil
- 1 tablespoon rice wine
- 1 small onion, diced
- 1 green pepper, diced
- 1 tablespoon olive oil

FOR THOSE WHO DECIDE TO MAKE THEIR OWN YELLOW CURRY PASTE

Replace the simplified version with 1 cup of Yellow Curry Paste and half a can of coconut milk and half a can of chicken broth.

- **For the Curry (simplified version)**
- ½ tablespoon grated fresh ginger
- 1 diced red Thai chili pepper
- 2 cloves minced garlic
- 1 can of chicken broth
- 1 can of coconut milk
- 1 cup of yellow curry powder (choose your favorite)
- 1 tablespoon cornstarch + cold water (this is used to thicken the curry only if it's not thick enough)

PREPARATION

1. In a large mixing bowl marinate your shrimp with the following ingredients then set aside:

- Salt and White Pepper
- 1 tablespoon dried parsley

- 1 tablespoon Sesame oil
- 1 tablespoon rice wine

2. In another bowl whisk together the chicken broth and coconut milk then slowly add the curry powder. Whisk well. Then add the minced garlic, Thai chili pepper and ginger. Set aside.

3. Turn pressure cooker on high and sauté the onion and green pepper with olive oil, once onion is tender. Add the curry mixture and add the marinated shrimp. Cover and lock lid and cook on High for 8 minutes. Set timer.

4. Once timer goes off. Release pressure and give the curry a good stir. If it is not at your desired thickness, add the cornstarch mixture in small amounts and mix well.

5. Season with salt and pepper to taste. Serve over jasmine rice or Asian egg noodles. It's great for dipping crusty baguettes too!

*For a spicier version dice up 5-10 red Thai chili peppers and add it to the curry mixture before cooking.

How to make your own Yellow Curry Paste

For those of you who want to make your own **Yellow Curry Paste from scratch**. This recipe does take about 45 minutes and it's something that you need to make ahead of time. Once you have made your own Yellow Curry Paste, you can cook with this instead of cooking with the simplified version. Replace the simplified version with 1 cup of Yellow Curry Paste and half a can of coconut milk and half a can of chicken broth.

INGREDIENTS

- 5 large shallots, peeled
- 5 large heads of garlic, cloved, peeled and ends cut off
- 10 whole dried Thai chili peppers
- 1½ tablespoons salt
- 3 tablespoons turmeric
- 3 tablespoons mild yellow curry powder
- 3 teaspoons roasted ground coriander
- ½ cup packed cilantro leaves and stems
- 1 small piece of ginger grated about ¼ cup of fresh ginger

PREPARATION

1. Preheat the oven to 350 degrees.

2. Lay out a large piece of tin foil onto a baking sheet and lay out the following ingredients:

    - 5 large shallots, peeled
    - 5 large heads of garlic, cloved, peeled and ends cut off
    - Drizzle oil over the garlic and shallots. Wrap them up and seal the tin foil, and let it bake for 35 minutes.

3. While it's baking soak the chilies in warm water for 15 minutes. Drain and set aside.

4. Once the garlic and shallots are done baking put it in a food processor along with the chilies and the following ingredients:

- 1½ tablespoons salt
- 3 tablespoons turmeric
- 3 tablespoons mild yellow curry powder
- 3 teaspoons roasted ground coriander
- ½ cup packed cilantro leaves and stems
- 1 small piece of ginger grated about ¼ cup of fresh ginger

5. Pulse or puree until the yellow curry paste reaches your desired consistency. The recipe should make about 2 cups of curry paste. The paste keeps for about a week in the fridge and it freezes well too.

NOTES

Hot Red Fish Curry

COOK TIME
10 MIN
PREP TIME
10 MIN
SERVINGS
4 SERVINGS

INGREDIENTS

- 1 red snapper (or your choice of fish)
- Salt and White Pepper
- ½ cup grated fresh ginger
- 2 tablespoon chili oil
- 1 tablespoon Sesame oil
- 1 tablespoon rice wine
- 1 small onion, diced
- 2 large tomatoes diced
- 1 jalapeño, seeded and diced
- 1 tablespoon olive oil
- ½ cup of honey

- **For the Red Curry**
- 2-3 diced red Thai chili pepper
- 2 cloves minced garlic
- 1 small can of mashed tomatoes
- ½ can of chicken broth
- ½ can of coconut milk
- 1 cup of red curry powder (choose your favorite)
- 1 tablespoon cornstarch + cold water (this is used to thicken the curry only if it's not thick enough)

PREPARATION

1. In a large mixing bowl marinate snapper with the following ingredients then set aside:

- Salt and White Pepper
- ½ cup grated fresh ginger
- 2 tablespoon chili oil
- 1 tablespoon Sesame oil

- 1 tablespoon rice wine

2. In another mixing bowl combine the following and set aside:

- 1 small onion, diced
- 2 large tomatoes diced
- 1 jalapeño, seeded and diced
- 1 tablespoon olive oil
- ½ cup of honey

3. In another mixing bowl whisk together the curry ingredients with wooden spoon:

- 2-3 diced red Thai chili pepper
- 2 cloves minced garlic
- 1 small can of mashed tomatoes
- ½ can of chicken broth
- ½ can of coconut milk
- 1 cup of red curry powder (choose your favorite)

4. Turn your pressure cooker to High and add the curry mixture and bring to a boil then add the onion and tomato mixture from Step 2. Close and lock lid and cook on High for 5 minutes. Set timer.

5. Once timer goes off. Release pressure and add in your snapper mixture. At this point if the curry thickness is not to your like you can add the cornstarch mixture slowly. Or if it's too thick you can add the rest of the chicken broth can.

6. Close and lock lid and cook on High for another 5 minutes. Set timer. Once timer goes off release pressure and serve with fresh green parsley over jasmine rice.

NOTES

Homestyle Chili Con Carne

COOK TIME
10 MIN
PREP TIME
15-20 MIN
SERVINGS
8 SERVINGS

INGREDIENTS

- 1 large onion, diced
- 2 cloves garlic, minced
- 1 pound ground pork or beef
- ¼ cup dark soy sauce
- 1 tablespoon sriracha sauce
- 1 tablespoon chili oil
- 2 teaspoons teaspoon dried oregano leaves
- 2 teaspoon ground cumin
- ½ teaspoon salt
- 1 can diced tomatoes, undrained
- 1 can red kidney beans, undrained
- 1 can beef broth

PREPARATION

1. In a large mixing bowl combine ground pork the following ingredients then set aside:

   - 2 cloves garlic, minced
   - 1 pound ground pork
   - ¼ cup dark soy sauce
   - 1 tablespoon sriracha sauce
   - 1 tablespoon chili oil
   - 2 teaspoons teaspoon dried oregano leaves
   - 2 teaspoon ground cumin
   - ½ teaspoon salt

2. Add the following into pressure cooker, then lock lid and cook on High for 10 minutes. Set timer:

- 1 large onion, diced

- 1 can diced tomatoes, undrained
- 1 can red kidney beans, undrained
- 1 can beef broth

3. Once timer goes off release pressure and add in ground pork mixture, give it a good mix then lock lid and cook on High for another 8 minutes. Set timer.

4. Once timer goes off, release pressure. Stir and serve with crusty bread or toasted tortilla chips.

NOTES

Savory Pastas and Stews

New England Clam Chowder

COOK TIME
15 MIN
PREP TIME
5 MIN
SERVINGS
2-4 SERVINGS

INGREDIENTS

- 12-24 fresh clams (or 11 oz. strained frozen or canned clams)
- 2 cups Clam Juice
- 1 cup, smoked and cured bacon (or pancetta) cubed
- 1 medium onion, finely chopped
- 1 teaspoon sea salt
- ¼ teaspoon pepper
- ½ cup white wine
- 2 Medium Potatoes, cubed skin
- 1 Bay Laurel Leaf
- 1 Sprig Thyme
- 1 pinch, red pepper flakes
- 1 cup milk
- 1 cup cream
- 1 tablespoon butter
- 1 tablespoon flour

PREPARATION

1. Prepare the clams, if fresh was and scrub thoroughly. If canned, drain and set aside.

2. Turn pressure cooker to low and add the bacon sauté until it releases its fat then add the onion, salt and pepper and raise the heat to medium.

3. When the onions have softened, add the wine, clam juice and stir, then add the diced potatoes, bay Leaf, thyme, and cayenne Pepper.

4. Close and lock the lid of the pressure cooker, cook for 5 minutes at high pressure. Set timer.

5. While the potatoes are pressure cooking, make a slurry to thicken the chowder by blending equal amounts of butter and flour over low heat and stirring constantly with a small wooden spoon until they are both well blended.

6. Once timer goes off, release pressure and carefully open lid to add the clam meat, cream, milk and slurry mixture.

7. Stir well, and simmer all of the ingredients in the pressure cooker, with the top off, at medium-low heat for another 5 minutes. Serve with warm bread or soup crackers.

NOTES

Creamy Potato Cheese Soup

COOK TIME
10 MIN
PREP TIME
5 MIN
SERVINGS
6-8 SERVINGS

INGREDIENTS

4 large potatoes, peeled and cut into 1 inch cubes (2 1/2 lbs.)
4 small onions, chopped
2 teaspoons salt
1 ½ cups water
4 cups milk
1 can chicken stock
¼ teaspoon sea salt
¼ teaspoon black pepper
3 cups cheddar cheese, grated
1 tablespoon parsley, chopped

PREPARATION

1. Put potatoes, onions, salt and chicken stock in pressure cooker. Cook on High for 5 minutes. Set timer.

2. Once timer goes off, release pressure and carefully remove lid and allow the potatoes to cool.

3. Mix the mixture smooth in a blender and return to pressure cooker. Add the milk and pepper and cook on Medium and bring to boil, stirring constantly. Add cheese and stir till cheese melts.

4. Serve immediately, garnish with parsley and warm dinner rolls.

NOTES

Macaroni in a Creamy Lemon Sauce

COOK TIME
1 HOUR 15 MIN
PREP TIME
15 MIN
SERVINGS
8 SERVINGS

INGREDIENTS

- 1 package (16 ounces) macaroni
- 4 cups water
- 2 teaspoons sea salt
- 4 ounces cream cheese, cubed
- 4 ounces shredded white cheese (garnish)
- 1 (12 ounce) can evaporated milk
- 2 tablespoons lemon juice
- 2 tablespoons dried parsley

PREPARATION

1. Mix macaroni, water, and salt together in pressure cooker. Set timer and cook on High for 5 minutes.

2. When timer goes off mix in cream cheese and evaporated milk and mix until everything is melted. Simmer the sauce until its smooth and the pasta is at a desired tenderness.

3. Turn off pressure cooker, stir in lemon juice, and dried parsley.

4. Season with additional salt and pepper to taste. Serve with sprinkle of shredded white cheese.

NOTES

Pasta with Meat Sauce

COOK TIME
10 MIN
PREP TIME
5 MIN
SERVINGS
4 SERVINGS

INGREDIENTS

- 1 (32 oz.) jar tomato pasta sauce (store bought or home canned)
- 1 (32 oz.) jar water
- 1 lb. ground meat of choice (turkey, beef, venison or chicken)
- 1 onion, minced
- 1 clove of garlic, minced
- 2 teaspoons sea salt
- 2 teaspoons pepper
- Dash of sriracha
- 2 tablespoon olive oil
- 4 cups pasta of your choice

PREPARATION

1. First brown your ground meat in pressure cooker with olive oil. Once meat is browned add in the rest of the ingredients including the pasta.

2. Set pressure cooker on High and cook for 10 minutes, check that pasta is at desired softness.

3. Serve hot with a side of garlic bread.

NOTES

Mama's Fish Stew

COOK TIME
10 MIN
PREP TIME
15 MIN
SERVINGS
6 SERVINGS

INGREDIENTS

- 2-3 pounds of cod, if frozen, thaw it (you can add frozen baby shrimp too)
- 2 tablespoon sesame oil
- 1 tablespoon white pepper
- 1 tablespoon of salt
- 5 cups of chicken broth
- 1 cup clam juice
- 1 cup heavy cream
- 1 small purple onion diced
- 3 medium size potatoes peeled and diced
- ½ cup white mushroom sliced
- 2 tablespoon dry parsley flakes

PREPARATION

1. In large mixing bowl marinate following and set aside:
   - 2-3 pounds of cod
   - 2 tablespoon sesame oil
   - 1 tablespoon white pepper
   - 1 tablespoon of salt

2. Set pressure cooker on High and add the following and bring to boil for 6 minutes or until potatoes are soft. Set timer:
   - 5 cups of chicken broth
   - 1 cup clam juice
   - 1 cup heavy cream
   - 1 small purple onion diced
   - 3 medium size potatoes peeled and diced
   - ½ cup white mushroom sliced

3. Once timer goes off release pressure and add in your fish mixture flakes. Cook on High for another 3-5 minutes. Set timer. Once timer goes off release pressure.

4. Give it a good stir, if prefer thicker stew add a swirl of flower and cook for another 2 minutes.

5. Serve with warm dinner rolls and garden salad.

NOTES

Got a Sweet Tooth?

It does not just end with dinner.

I've curated some of my favorite dessert recipes that would go great with all these Instant Pot and Pressure Cooker recipes.

While your dinner is cooking in the pressure cooker, why not try some of these desserts that will make such a wonderful ending to your night.

Happy Eating,
Kelly Cohen

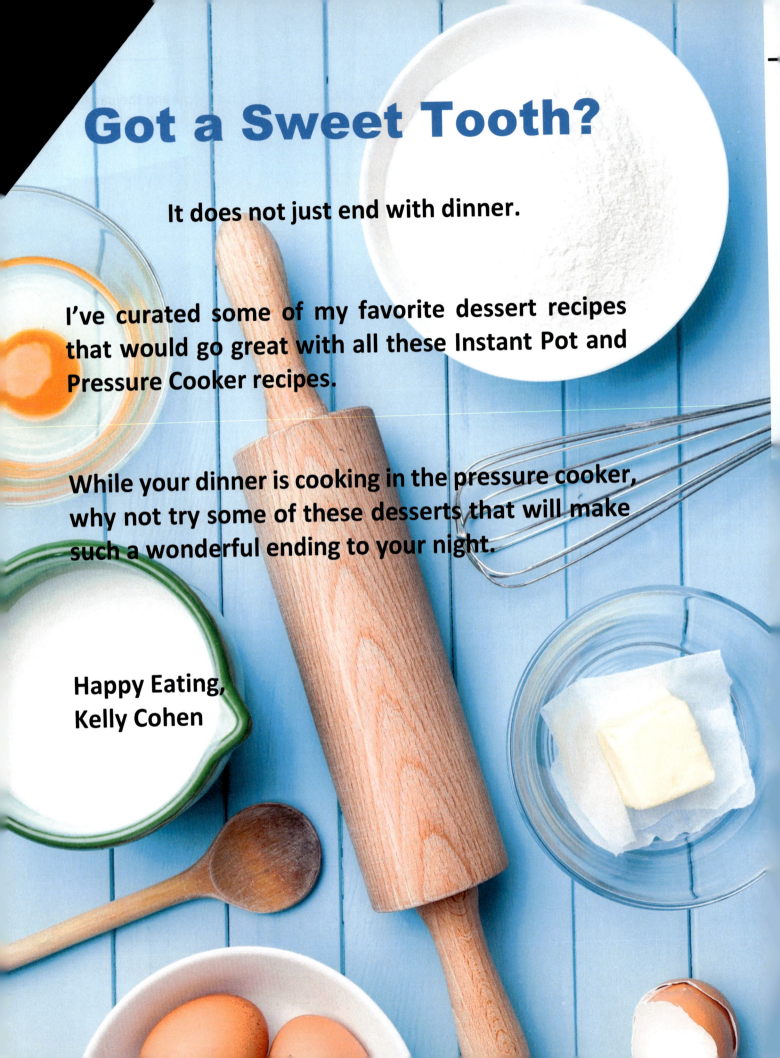

Daddy's Oatmeal Raisin Cookies

INGREDIENTS

- 1 cup raisins (either red or green ones)
- 2 cups Quick oats
- 1 ½ cups All-purpose flour
- ½ teaspoon Baking soda
- 1 cup Butter
- 1 cup packed brown sugar
- 1 Egg
- 1 teaspoon Vanilla

PREPARATION

1. Line 2 baking sheets with parchment and preheat oven to 350 degrees F.

2. In a medium bowl stir oats with raisins, flour and baking soda. Beat Butter with sugar in a large bowl, until fluffy with an electric mixer. Beat in egg and vanilla.

3. Spoon 2 tablespoon portions of dough 3 inches apart onto baking sheets. Flatten them slightly with the back of a spoon.

4. Bake in center rack until edges are golden but centers are soft, bake for 15 min. Transfer cookies to a rack to cool completely.

NOTES

Salted Caramel Chocolate Brownie

INGREDIENTS

- ¾ cup plain all-purpose flour
- 1/8 teaspoon Baking powder
- 1 ¼ cups Brown sugar
- 2 Eggs
- 1/3 cup Store-bought caramel filling
- 2 teaspoon Vanilla extract
- 150g Butter melted
- 150g Dark chocolate, chopped
- 1 tablespoon Sea Salt

PREPARATION

1. Preheat oven to 325 degrees F.

2. Mix the flour, baking powder and sugar in a bowl. Then add the eggs, caramel, vanilla and butter and whisk until smooth. Stir in the chocolate and spoon the mixture deep square brownie dish lined with parchment paper.

3. Sprinkle with the sea salt and bake for 40–45 minutes or until just firm around the edges. Cut into squares and serve warm or cold with vanilla ice cream.

NOTES

The Ultimate Banana Cream Pie

INGREDIENTS

- 1 ½ cups Oreo cookie crumbs
- ½ cup Butter melted

Caramel Bananas
- 1 tablespoon Butter
- 2 teaspoon Packed brown sugar
- 2 tablespoon Heavy Cream
- 3 Ripe medium bananas, sliced

Pudding
- 1 ½ cups milk
- 3 tablespoon Granulated sugar
- 3 tablespoon Cornstarch
- 3 Egg yolks
- 1 ½ teaspoon Vanilla

Topping
- 1 cup Heavy Cream
- 2 teaspoon Granulated sugar
- 44 gram bar of Chocolate covered sponge toffee, such as Crunchier, broken into small pieces

PREPARATION

1. **Combine** cookie crumbs with ½ cup melted Butter mix then press into bottom of a 9-in. pie plate.

2. **Melt** 1 tablespoon Butter in a medium non-stick sauce pan over medium-high. Add brown sugar, 2 tablespoon Heavy Cream and boil gently, whisking often, 1 min.

3. Remove from heat and let stand 1 min. Stir in bananas, then arrange over crust in an even layer.

4. **Heat** milk in a medium saucepan over medium-high, just until bubbles form on the surface. Set aside.

5. Then whisk 3 tablespoon sugar with cornstarch and yolks in a medium bowl then whisk in half of hot milk until smooth. Return mixture to saucepan and set over medium. Whisk often until pudding thickens. Remove from heat and stir in vanilla

and pour mixture over banana layer, smoothing top. Refrigerate until pudding is set, 1 hour.

6. **Beat** 1 cup Cannabis Infused Heavy Cream in a medium bowl until soft peaks form when beaters are lifted, 2 to 3 min. Beat in 2 teaspoon sugar until stiff peaks form when beaters are lifted, about 2 more min. Spoon whipped cream over center of pie.

NOTES

Yellow Mellow Lemon Pie

INGREDIENTS

- 1 ¼ cups graham crumbs
- ¼ cup Cannabis Butter, melted
- 2 pkg. *Jell-O* Lemon Instant Pudding
- 2 cups Cannabis Infused Milk, cold
- 1 tablespoon lemon juice
- 1 ½ cups heavy Cream divided

PREPARATION

1. Mix graham crumbs and Butter press onto bottom of 9-inch pie plate.

2. Beat dry pudding mixes, Milk and juice with whisk for 2 min. (Pudding will be thick.)

3. Spread 1½ cups onto bottom of crust. Whisk ¾ cup already whipped cream into remaining pudding then spread it over first pudding layer. Top with remaining Cannabis cream.

4. Refrigerate 3 hours or until firm.

NOTES

Orange Cream Cheesecake

INGREDIENTS

- 1 cup Honey Maid Graham Crumbs
- ½ cup Butter melted
- 2/3 cup boiling water
- 1 pkg. *Jell-O* No Sugar added Orange Jelly Powder
- 1 cup fat-free cottage cheese
- 1 cup *Philadelphia* Light Cream Cheese Product
- 2 cups Heavy Cream

PREPARATION

1. Mix crumbs with melted Butter they place on bottom of 9-inch spring form pan, press to build a crust.

2. Add boiling water to jelly mix until completely dissolved. Cool 5 min.

3. Pour into blender. Add cottage cheese and cream cheese product. Blend well. Pour into large bowl.

4. Whip Heavy Cream until it forms stiff peaks. Then pour into prepared pan, smoothing the top.

5. Refrigerate 4 hours or until set. Remove rim of pan before serving.

NOTES

After Dinner Chocolate Mousse

INGREDIENTS

- 1½ cups Milk divide portions
- 1 oz. Semi-Sweet Chocolate
- 1 pkg. *Jell-O* Chocolate Fat Free Instant Pudding
- 1 cup plus 2 tablespoon heavy Cream whipped to stiff peaks, divided
- 1/2 cup fresh raspberries

PREPARATION

1. Microwave 1 cup Milk and chocolate in large microwaveable bowl on medium setting for 2 min. whisk until chocolate is melted and mixed. Add remaining milk and dry pudding mix and beat for 2 min. Refrigerate 20 min.

2. Fold in 1 cup of already whipped Heavy Cream.

3. To serve – spoon into wine glasses or dessert bowls. Top with your favorite berries and add another dollop of whipped Heavy Cream.

NOTES

Glazed lemon Poppy Seed Loaf

INGREDIENTS

- 1 ¾ cups All-purpose flour
- 1 cup Granulated sugar
- 1 tablespoon Poppy seeds
- 1 tablespoon Lemon zest
- 1 teaspoon Baking powder
- ½ teaspoon Salt
- ¾ cup Cannabis Butter* melted
- 2/3 cup Milk
- 2 Eggs
- 1 teaspoon Vanilla

PREPARATION

1. Preheat oven to 350 F. Oil a 9 × 5 in. loaf pan.

2. Stir flour with sugar, poppy seeds, lemon zest, baking powder and salt in a small bowl.

3. Beat butter with milk, eggs and vanilla in a large bowl, using an electric mixer on medium, until smooth. Fold in flour mixture until just combined. Don't over-mix. Pour into loaf pan.

4. Bake until a butter knife inserted into center of loaf comes out clean 55 to 65 min. Transfer pan to a rack. Let stand 10 min. Turn out onto rack.

For the Glaze

- ½ cup icing sugar
- 1 tablespoon Lemon juice

5. Whisk icing sugar with lemon juice in a small bowl.

6. Brush glaze over warm loaf. Let stand until loaf is cool, about 2 hours.

Old Fashion Carrot Cake Cupcake

INGREDIENTS

The Cupcakes

- Paper Cupcake cups
- 1½ cup all-purpose flour
- 1 teaspoon baking powder
- 1 teaspoon baking soda
- 2 teaspoon pumpkin pie spice
- ¼ teaspoon kosher salt
- ½ cup brown sugar
- ¼ cup granulated sugar
- 2 large eggs
- 2 tablespoon fresh orange juice
- ½ lb. carrots, peeled and grated (about 1¾ cups)

The Frosting

- 1 8-ounce package cream cheese, at room temperature
- 1/3 cup sour cream
- ½ cup confectioner's sugar
- ¼ cup Heavy Cream whipped
- 2 tablespoon honey

PREPARATION

1. Heat oven to 425 degrees F. Line 12-cup muffin tin with paper cupcake cups.

2. Meanwhile, in a medium bowl, whisk together the flour, baking powder, baking soda, pumpkin pie spice, and salt.

3. In a large bowl, whisk together the sugars, eggs, and orange juice. Add the flour mixture to the eggs and mix to combine. Fold in the carrots.

4. Divide the batter among the prepared muffin cups.

5. Bake until a wooden pick inserted into the center comes out clean 20 to 25 minutes. Let the cupcakes cool in the pan for 10 minutes, then transfer to a wire rack to cool completely.

6. The frosting, using an electric mixer on low, beat the cream cheese and sour cream to combine. Add the confectioners' sugar and honey and beat until smooth, then fold in already whipped Cream chill until ready to use, at least 45 minutes. Spread the frosting on the cupcakes.

NOTES

The Perfectly Baked Apple Pie

INGREDIENTS

- 2 ¼ cups flour
- 1 cup shortening
- 5 to 7 tablespoon ice cold water
- 6 cups thinly sliced peeled tart apples (about 4 large apples)
- ¾ cup brown sugar
- ¾ cup white sugar
- 1 tablespoon corn starch
- ½ teaspoon ground cinnamon
- ¼ teaspoon ground nutmeg
- 1 tablespoon lemon juice

PREPARATION

1. Preheat oven to 400 degrees F.

2. Mix flour in large bowl, blend in shortening with pastry blender until mixture resembles coarse crumbs.

3. Add 1 tablespoon of water at a time, mixing lightly with fork until flour mixture is evenly moistened and clings together when pressed into a ball.

4. Divide dough in half. Shape each into ½ in. thick round. Wrap each dough in plastic wrap and refrigerate 10 to 15 min.

5. In a large bowl toss apples with brown and white sugar, corn starch, cinnamon, nutmeg and lemon juice, set aside.

6. Place 1 dough round between 2 large sheets of plastic wrap; roll out dough with rolling pin to flatten slightly, working from center of dough to the edge. Continue rolling until dough round is about 2 in. larger than diameter of inverted 9-in. pie plate.

7. Peel plastic and invert dough into pie plate. Peel off remaining piece of plastic wrap and press evenly. Trim edge with sharp knife.

8. Pour apple mixture into pie plate and cover with the second dough remove plastic wrap and pinch edges together to form ridge. Cut off excess.

9. Cut several slits near center of pie to allow steam to escape. Bake 45 to 50 min. Let Cool and serve with ice cream or whipped cream.

THANK YOU

We sincerely hope you enjoyed cooking with us!

Kelly Cohen
Instant Pot Cookbook

*The Complete Pressure Cooker Guide
With Your Favorite
Healthy Dinner Entrée Recipes*

Copyright Legal Information

© **Copyright 2016 - All rights reserved.**

In no way is it legal to reproduce, duplicate, or transmit any part of this document in either electronic means or in printed format. Recording of this publication is strictly prohibited and any storage of this document is not allowed unless with written permission from the publisher. All rights reserved.

The information provided herein is stated to be truthful and consistent, in that any liability, in terms of inattention or otherwise, by any usage or abuse of any policies, processes, or directions contained within is the solitary and utter responsibility of the recipient reader. Under no circumstances will any legal responsibility or blame be held against the publisher for any reparation, damages, or monetary loss due to the information herein, either directly or indirectly. Respective authors own all copyrights not held by the publisher.

Legal Notice:

This book is copyright protected. This is only for personal use. You cannot amend, distribute, sell, use, quote or paraphrase any part or the content within this book without the consent of the author or copyright owner. Legal action will be pursued if this is breached.

Disclaimer Notice:

Please note the information contained within this document is for educational and entertainment purposes only. Every attempt has been made to provide accurate, up to date and reliable complete information. No warranties of any kind are expressed or implied. Readers acknowledge that the author is not engaging in the rendering of legal, financial, medical or professional advice.

By reading this document, the reader agrees that under no circumstances are we responsible for any losses, direct or indirect, which are incurred as a result of the use of information contained within this document, including, but not limited to, —errors, omissions, or inaccuracies.

Made in the USA
Middletown, DE
17 December 2016